Impressum
Verlag: BABADADA GmbH, Nedderfeld 112 , 22529 Hamburg
Geschäftsführer / Verlagsleitung: Harald Hof
Druck: Books on Demand GmbH, In de Tarpen 42, 22848 Norderstedt

Imprint
Publisher: BABADADA GmbH, Nedderfeld 112 , 22529 Hamburg, Germany
Managing Director / Publishing direction: Harald Hof
Print: Books on Demand GmbH, In de Tarpen 42, 22848 Norderstedt

σχολείο

škola

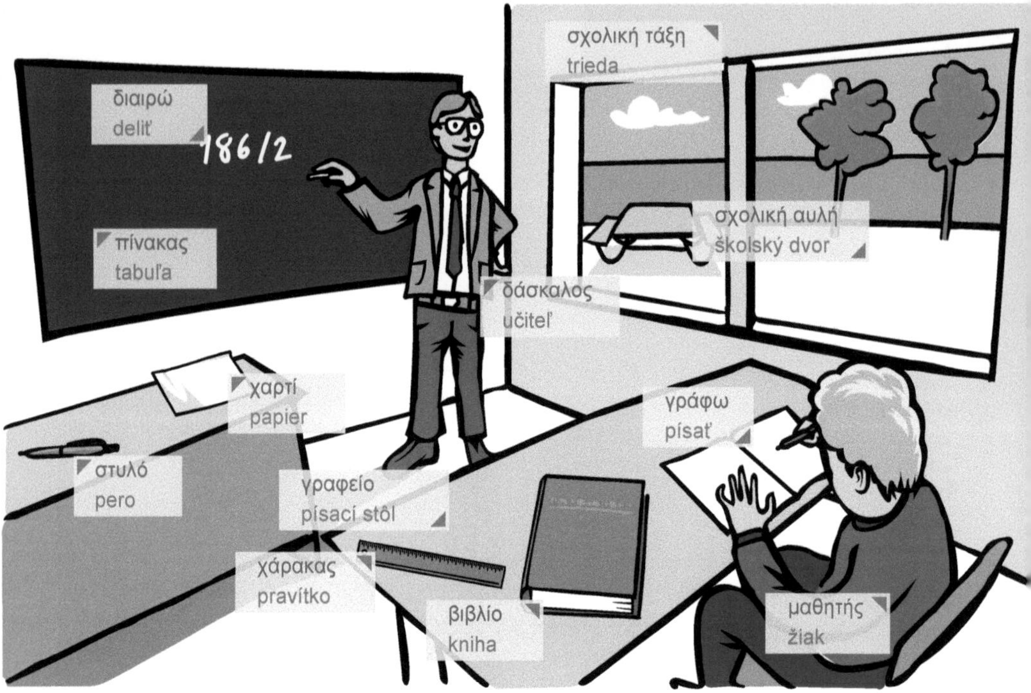

σχολική τάξη
trieda
διαιρώ
deliť
186/2
πίνακας
tabuľa
σχολική αυλή
školský dvor
δάσκαλος
učiteľ
χαρτί
papier
γράφω
písať
στυλό
pero
γραφείο
písací stôl
χάρακας
pravítko
βιβλίο
kniha
μαθητής
žiak

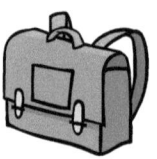

σχολική τσάντα

školská taška

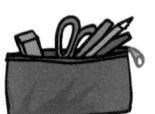

κασετίνα/ μολυβοθήκη

peračník

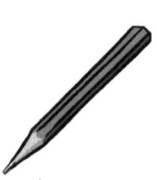

μολύβι

ceruza

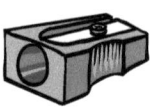

ξύστρα

strúhadlo na ceruzky

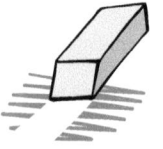

γόμα

guma

μπλοκ ζωγραφικής

skicár

ζωγραφική
kresba

πινέλο
štetec

κουτί χρωμάτων
vodové farby

ψαλίδι
nožnice

κόλλα
lepidlo

τετράδιο ασκήσεων
cvičný zošit

εργασία για το σπίτι
domáca úloha

αριθμός
číslo

προσθέτω
sčítať

αφαιρώ
odčítať

πολλαπλασιάζω
násobiť

υπολογίζω
počítať

γράμμα
písmeno

αλφάβητο
abeceda

hello

λέξη
slovo

κείμενο
text

διαβάζω
čítať

κιμωλία
krieda

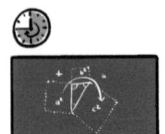

μάθημα
hodina

εγγράφομαι
triedna kniha

τεστ
skúška

πιστοποιητικό
certifikát

μαθητική στολή
školská uniforma

εκπαίδευση
vzdelanie

εγκυκλοπαίδεια
encyklopédia

πανεπιστήμιο
univerzita

μικροσκόπιο
mikroskop

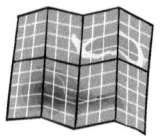

χάρτης
mapa

καλάθι αχρήστων
kôš na papier

ταξίδι
cesta

ξενοδοχείο
hotel
Grand
ξενώνας
nocľaháreň
ROOMS
ανταλλακτήρια συναλλάγματος
zmenáreň
EXCHANGE
βαλίτσα
kufor
αυτοκίνητο
auto

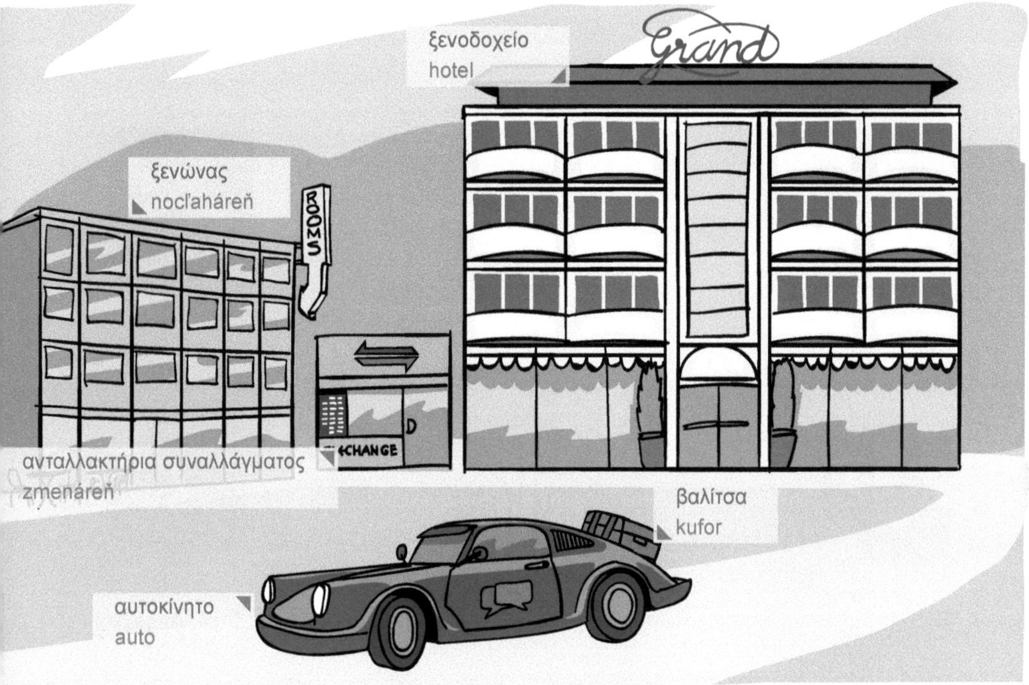

γλώσσα

jazyk

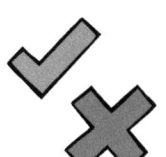

ναι / όχι

áno/nie

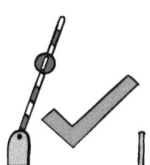

εντάξει

v poriadku

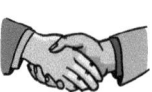

γεια σου

ahoj

μεταφραστής

prekladateľ

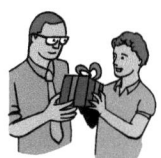

Ευχαριστώ

ďakujem

πόσο κάνει ;
Koľko stojí ... ?

Δε καταλαβαίνω
Nerozumiem

πρόβλημα
problém

Καλησπέρα!
Dobrý večer!

Καλημέρα!
Dobré ráno!

Καληνύχτα!
Dobrú noc!

Αντίο
Dovidenia

κατεύθυνση
smer

αποσκευές
batožina

τσάντα
taška

σακίδιο πλάτης
batoh

καλεσμένος
hosť

δωμάτιο
izba

υπνόσακος
spacák

σκηνή
stan

τουριστικές πληροφορίες

informácie pre turistov

παραλία

pláž

πιστωτική κάρτα

kreditná karta

πρωινό

raňajky

μεσημεριανό

obed

δείπνο

večera

εισιτήριο

cestovný lístok

ανελκυστήρας

výťah

γραμματόσημο

poštová známka

σύνορα

hranica

τελωνείο

clo

πρεσβεία

veľvyslanectvo

βίζα

vízum

διαβατήριο

cestovný pas

μεταφορά
doprava

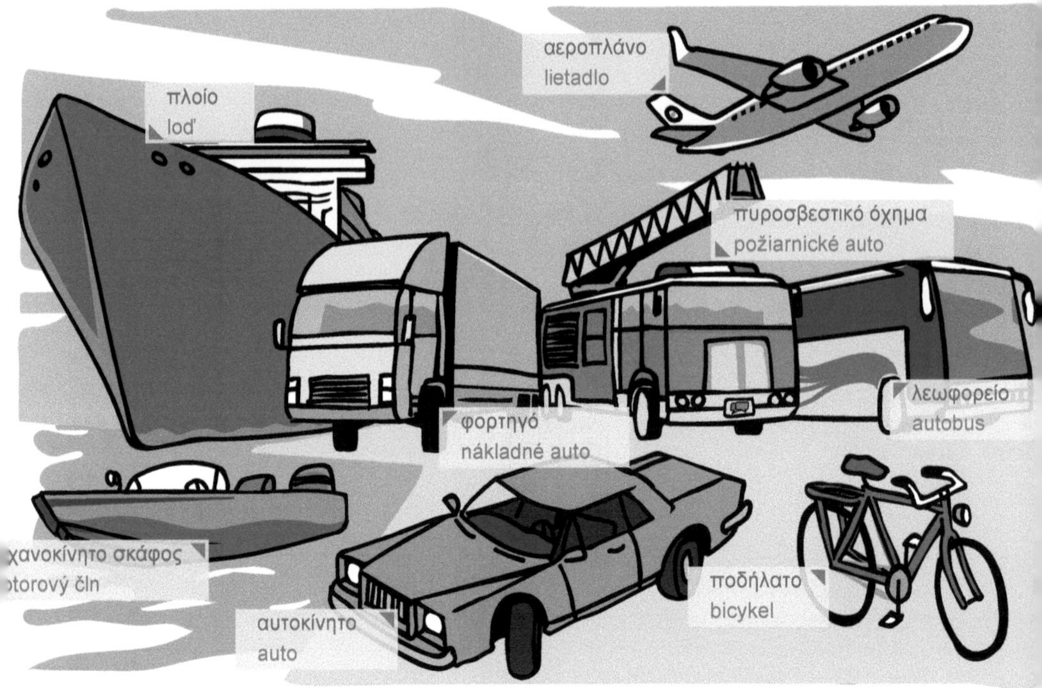

αεροπλάνο
lietadlo
πλοίο
loď
πυροσβεστικό όχημα
požiarnické auto
λεωφορείο
autobus
φορτηγό
nákladné auto
χανοκίνητο σκάφος
torový čln
ποδήλατο
bicykel
αυτοκίνητο
auto

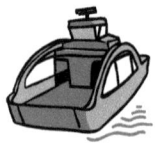

φεριμπότ

trajekt

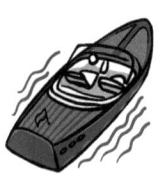

βάρκα

loď

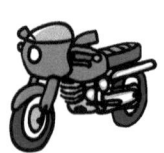

μοτοσικλέτα

motorka

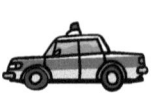

περιπολικό

policajné auto

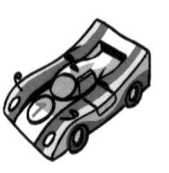

αγωνιστικό αυτοκίνητο

pretekárske auto

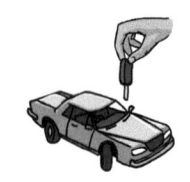

ενοικιαζόμενο αυτοκίνητο

vozidlo z požičovne

διαμοιρασμός αυτοκινήτων

carsharing

γερανός

odťahové auto

απορριμματοφόρο

smetiarske auto

κινητήρας

motor

καύσιμο

benzín

βενζινάδικο

čerpacia stanica

πινακίδα σήμανσης

dopravná značka

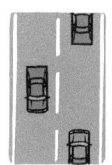

κυκλοφορία

premávka

κυκλοφοριακή συμφόρηση

zápcha

χώρος στάθμευσης

parkovisko

σιδηροδρομικός σταθμός

vlaková stanica

σιδηροδρομικές γραμμές

trate

τρένο

vlak

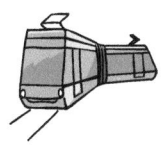

τραμ

električka

βαγόνι

vagón

ελικόπτερο
helikoptéra

αεροδρόμιο
letisko

πύργος
veža

επιβάτης
pasažier

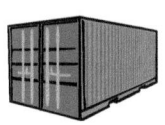

εμπορευματοκιβώτιο
kontajner

χαρτοκιβώτιο
kartón

καρότσι
vozík

καλάθι
kôš

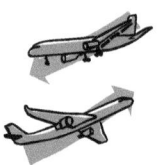

απογειώνομαι /
προσγειόνομαι
štartovať / pristáť

πόλη
mesto

χωριό
dedina

κέντρο της πόλης
centrum mesta

σπίτι
dom

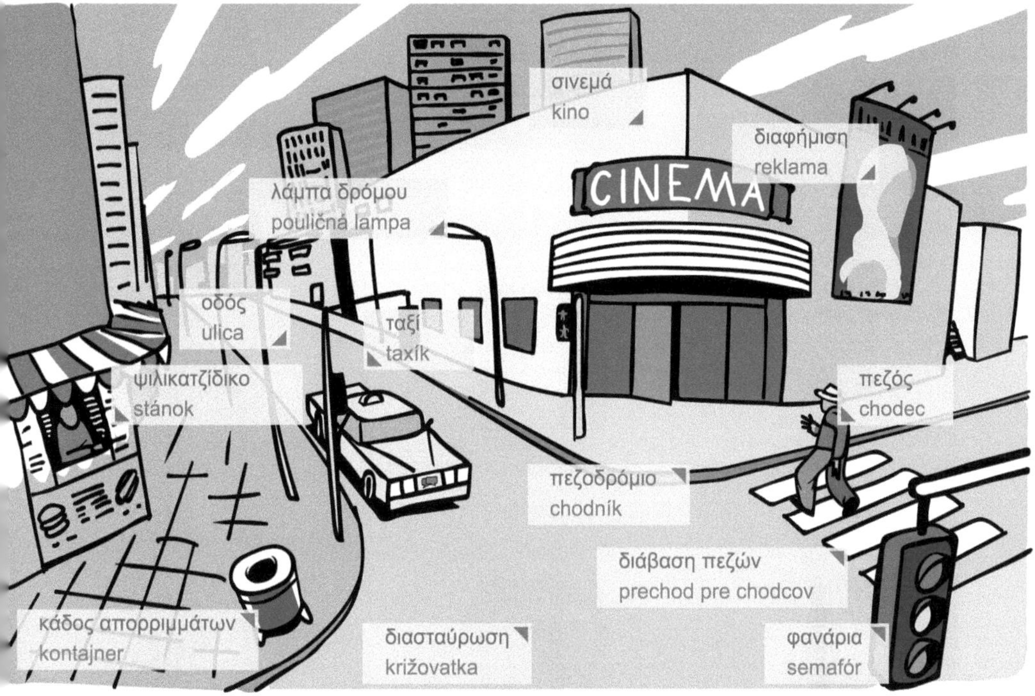

σινεμά
kino

διαφήμιση
reklama

λάμπα δρόμου
pouličná lampa

CINEMA

οδός
ulica

ταξί
taxík

ψιλικατζίδικο
stánok

πεζός
chodec

πεζοδρόμιο
chodník

διάβαση πεζών
prechod pre chodcov

κάδος απορριμμάτων
kontajner

διασταύρωση
križovatka

φανάρια
semafór

καλύβα
chata

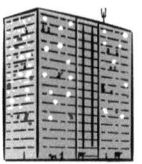

διαμέρισμα
byt

σιδηροδρομικός σταθμός
vlaková stanica

δημαρχείο
radnica

μουσείο
múzeum

σχολείο
škola

πανεπιστήμιο

univerzita

τράπεζα

banka

νοσοκομείο

nemocnica

ξενοδοχείο

hotel

φαρμακείο

lekáreň

γραφείο

kancelária

βιβλιοπωλείο

kníhkupectvo

κατάστημα

obchod

ανθοπωλείο

kvetinárstvo

σούπερ μάρκετ

supermarket

αγορά

trh

πολυκατάστημα

obchodný dom

ιχθυοπωλείο

obchodník s rybami

εμπορικό κέντρο

nákupné stredisko

λιμάνι

prístav

πάρκο

park

παγκάκι

lavička

γέφυρα

most

σκάλες

schody

μετρό

metro

τούνελ

tunel

στάση λεωφορείου

autobusová zastávka

μπαρ

bar

εστιατόριο

reštaurácia

γραμματοκιβώτιο

poštová schránka

πινακίδα δρόμου

tabuľa s názvom ulice

παρκόμετρο

parkovacie hodiny

ζωολογικός κήπος

ZOO

πισίνα

plaváreň

τζαμί

mešita

αγρόκτημα

farma

ρύπανση

znečisťovanie životného prostredia

νεκροταφείο

cintorín

εκκλησία

kostol

παιδική χαρά

ihrisko

ναός

chrám

τοπίο
terén

φύλλο
list

πινακίδα κατεύθυνσης
smerová tabuľa

δρόμος
cesta

λιβάδι
lúka

πέτρα
kameň

δέντρο
strom

πεζοπόρος
turista

ποτάμι
rieka

χορτάρι
tráva

λουλούδι
kvet

κοιλάδα

dolina

λόφος

kopec

λίμνη

jazero

δάσος

les

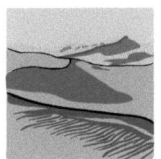

έρημος

púšť

ηφαίστειο

vulkán

κάστρο

zámok

ουράνιο τόξο

dúha

μανιτάρι

hríb

φοίνικας

palma

κουνούπι

komár

μύγα

mucha

μυρμήγκι

mravec

μέλισσα

včela

αράχνη

pavúk

σκαθάρι

chrobák

βάτραχος

žaba

σκίουρος

veverička

σκαντζόχοιρος

jež

λαγός

zajac

κουκουβάγια

sova

πουλί

vták

κύκνος

labuť

αγριογούρουνο

diviak

ελάφι

jeleň

άλκη

los

φράγμα

hrádza

ανεμογεννήτρια

veterná turbína

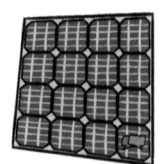

ηλιακός συλλέκτης

solárny panel

κλίμα

podnebie

εστιατόριο
reštaurácia

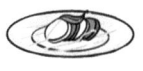

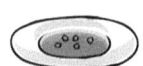

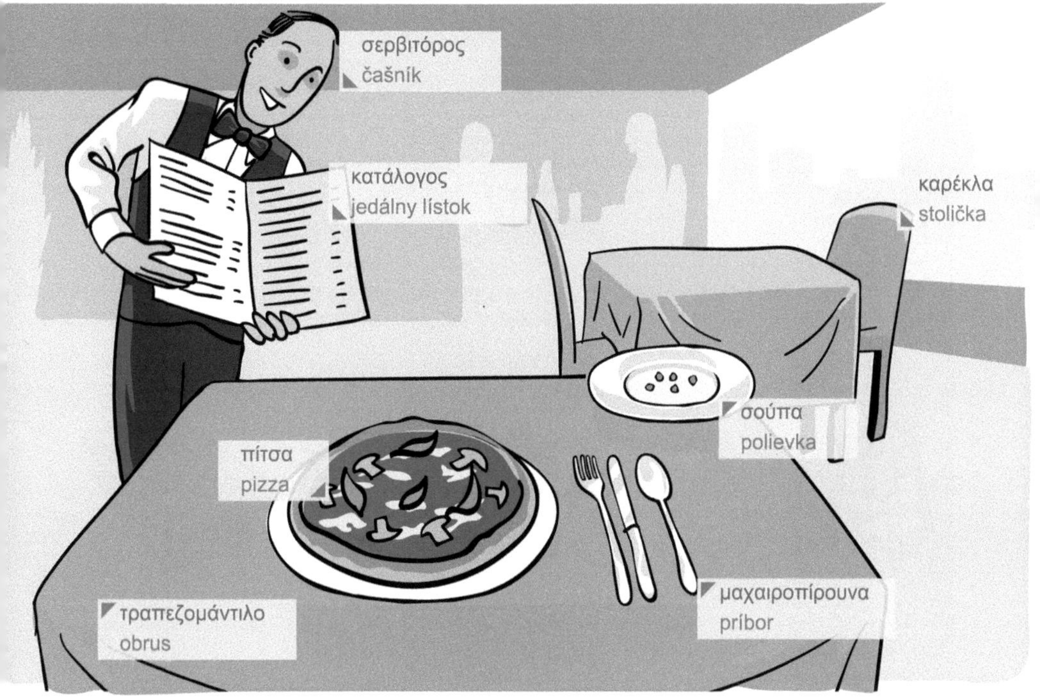
σερβιτόρος
čašník
κατάλογος
jedálny lístok
καρέκλα
stolička
σούπα
polievka
πίτσα
pizza
μαχαιροπίρουνα
príbor
τραπεζομάντιλο
obrus

ορεκτικό

predjedlo

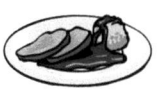

κύριο πιάτο

hlavné jedlo

επιδόρπιο

zákusok

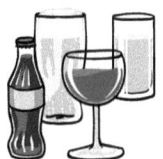

ποτά

nápoje

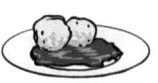

φαγητό

jedlo

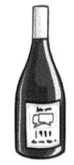

μπουκάλι

fľaša

φαστ φουντ

fast-food

φαγητό στ' όρθιο

street food

τσαγιέρα

kanvica na čaj

δοχείο ζάχαρης

cukornička

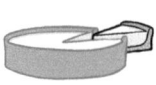

μερίδα

porcia

μηχανή εσπρέσο

stroj na espresso

ψηλή καρέκλα

detská stolička

λογαριασμός

účet

δίσκος

podnos

μαχαίρι

nôž

πιρούνι

vidlička

κουτάλι

lyžica

κουταλάκι του τσαγιού

čajová lyžička

πετσέτα φαγητού

obrúsok

ποτήρι

pohár

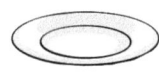

πιάτο

tanier

πιάτο σούπας

hlboký tanier

πιατάκι φλιτζανιού

podšálka

σάλτσα

omáčka

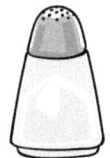

αλατιέρα

soľnička

μύλος για πιπέρι

mlynček na korenie

ξύδι

ocot

λάδι

olej

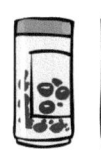

μπαχαρικά

korenie

κέτσαπ

kečup

μουστάρδα

horčica

μαγιονέζα

majonéza

σούπερ μάρκετ

supermarket

προσφορά
špeciálna ponuka
FOR
πελάτης
klient
γαλακτοκομικά προϊόντα
mliečne výrobky
φρούτα
ovocie
καρότσι για ψώνια
nákupný vozík

BUTCHERS

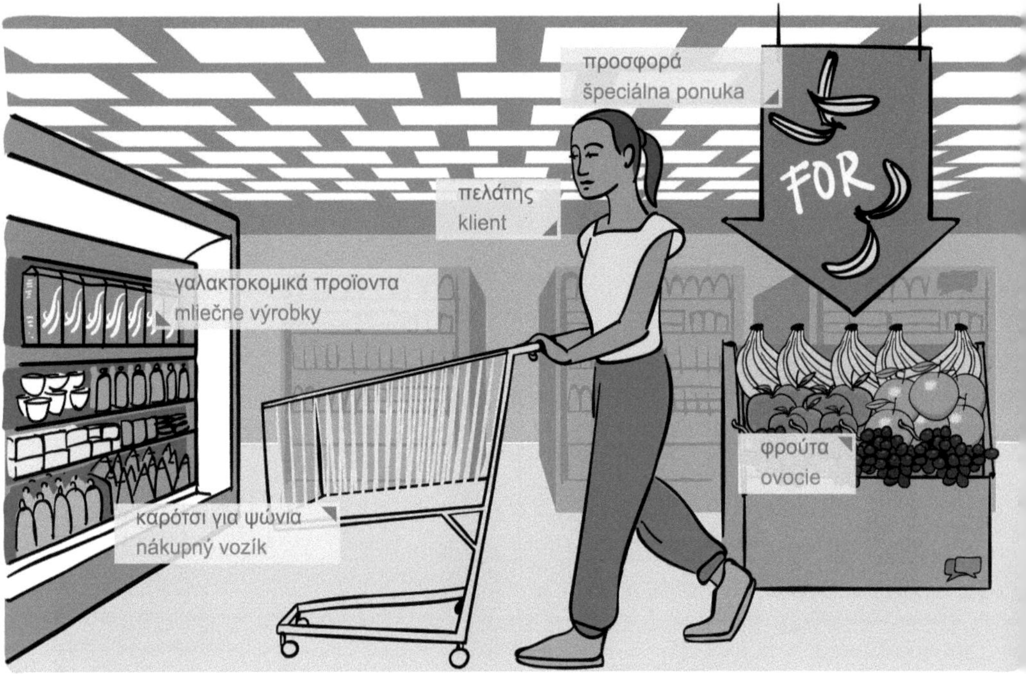

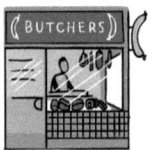

κρεοπωλείο

mäsiarstvo

BAKERY

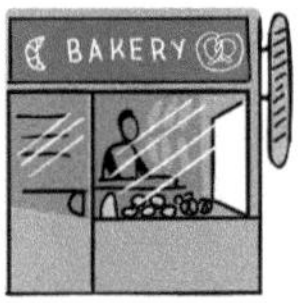

φούρνος

pekáreň

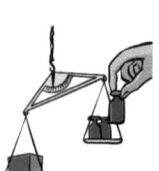

ζυγίζω

vážiť

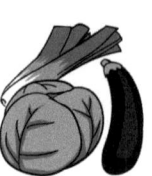

λαχανικά

zelenina

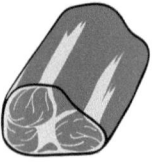

κρέας

mäso

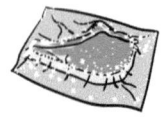

κατεψυγμένα τρόφιμα

mrazené potraviny

αλλαντικά	κονσερβοποιημένη τροφή	απορρυπαντικό ρούχων
nárez	konzervy	prací prostriedok

γλυκά	οικιακά είδη	καθαριστικά προϊόντα
sladkosti	domáce potreby	čistiace prostriedky

πωλήτρια	ταμείο	ταμίας
predavačka	pokladňa	pokladník

λίστα για ψώνια	ωράριο λειτουργίας	πορτοφόλι
nákupný zoznam	otváracie hodiny	peňaženka

πιστωτική κάρτα	τσάντα	πλαστική σακούλα
kreditná karta	taška	plastové vrecko

νερό
voda

χυμός
džús

γάλα
mlieko

κόκα κόλα
kola

κρασί
víno

μπίρα
pivo

αλκοόλ
alkohol

κακάο
kakao

τσάι
čaj

καφές
káva

εσπρέσο
espresso

καπουτσίνο
kapučíno

μπανάνα

banán

μήλο

jablko

πορτοκάλι

pomaranč

πεπόνι

melón

λεμόνι

citrón

καρότο

mrkva

σκόρδο

cesnak

μπαμπού

bambus

κρεμμύδι

cibuľa

μανιτάρι

hríb

ξηροί καρποί

orechy

νουντλς

rezance

μακαρόνια

špagety

ρύζι

ryža

σαλάτα

šalát

πατατάκια

hranolky

τηγανητές πατάτες

pečené zemiaky

πίτσα

pizza

χάμπουργκερ

hamburger

σάντουιτς

obložený chlebík

κοτολέτα

rezeň

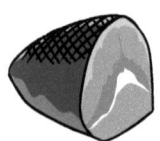

ζαμπόν

šunka

σαλάμι

saláma

λουκάνικο

klobása

κοτόπουλο

kurča

ψητό

pečené mäso

ψάρι

ryba

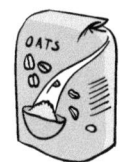

χυλός βρώμης

ovsené vločky

μούσλι

müsli

κορν φλέικς

kukuričné lupienky

αλεύρι

múka

κρουασάν

croissant

ψωμάκι

pečivo

ψωμί

chlieb

τοστ

hrianka

μπισκότα

sušienky

βούτυρο

maslo

τυρόπηγμα

tvaroh

κέικ

koláč

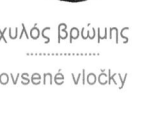

αυγό

vajce

τηγανητό αυγό

volské oko

τυρί

syr

παγωτό

zmrzlina

ζάχαρη

cukor

μέλι

med

μαρμελάδα

lekvár

άλλειμμα σοκολάτας

nugátová nátierka

κάρυ

karí korenie

αγρόκτημα
farma

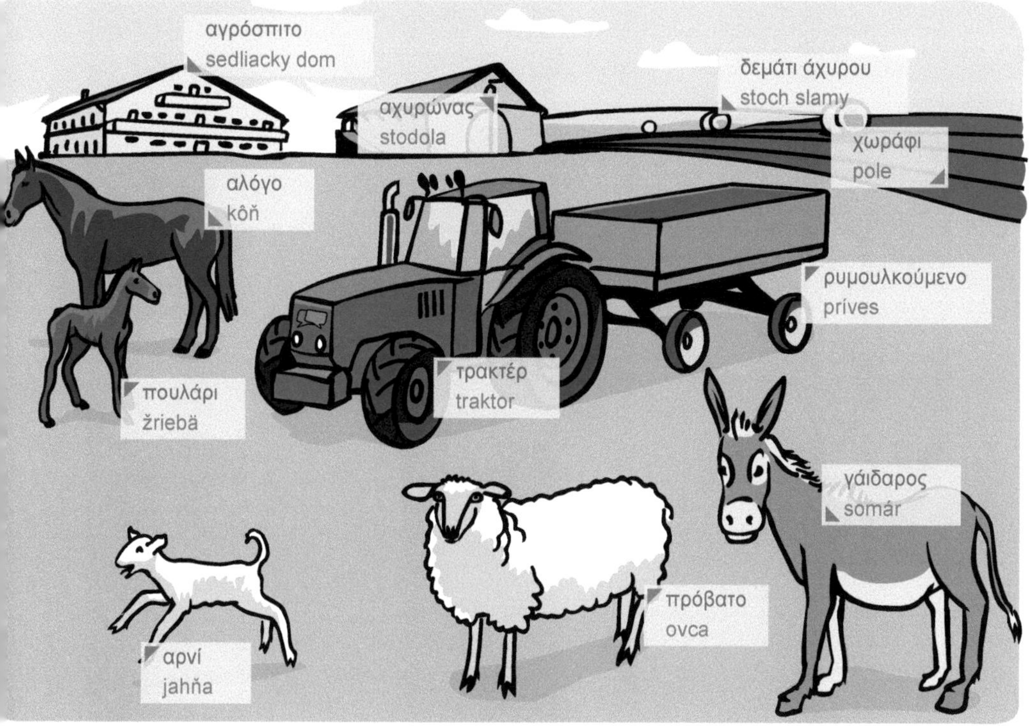

αγρόσπιτο
sedliacky dom
δεμάτι άχυρου
stoch slamy
αχυρώνας
stodola
χωράφι
pole
αλόγο
kôň
ρυμουλκούμενο
príves
τρακτέρ
traktor
πουλάρι
žriebä
γάιδαρος
somár
πρόβατο
ovca
αρνί
jahňa

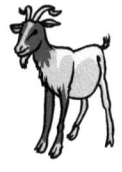

κατσίκα
koza

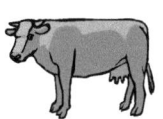

αγελάδα
krava

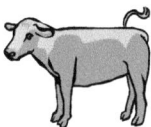

μοσχαράκι
teľa

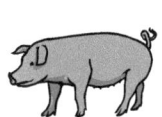

γουρούνι
prasa

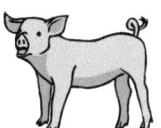

γουρουνάκι
prasiatko

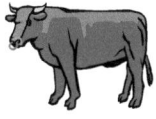

ταύρος
býk

χήνα

hus

πάπια

kačica

κοτοπουλάκι

kuriatko

κότα

sliepka

κόκορας

kohút

αρουραίος

potkan

γάτα

mačka

ποντίκι

myš

βόδι

vôl

σκύλος

pes

σπιτάκι σκύλου

psia búda

λάστιχο κήπου

záhradná hadica

ποτιστήρι

krhla

θεριστήρι

kosa

αλέτρι

pluh

δρεπάνι

kosák

τσάπα

motyka

δίκρανο

vidly na hnoj

τσεκούρι

sekera

χειράμαξα

fúrik

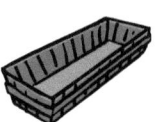

ταΐστρα

koryto

δοχείο γάλακτος

kanva na mlieko

σάκος

vrece

φράχτης

plot

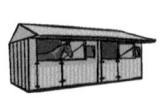

στάβλος

maštaľ

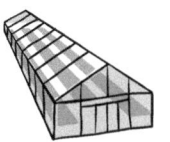

θερμοκήπιο

skleník

έδαφος

pôda

σπόρος

osivo

λίπασμα

hnojivo

θεριζοαλωνιστική μηχανή

kombajn

αγρόκτημα - farma

θερίζω

žať

συγκομιδή

žatva

γιαμς

batát

σιτάρι

pšenica

σόγια

sója

πατάτα

zemiak

καλαμπόκι

kukurica

κράμβη

repka

οπωροφόρο δέντρο

ovocný strom

μανιόκα

maniok

δημητριακά

obilie

αγρόκτημα - farma

σπίτι
dom

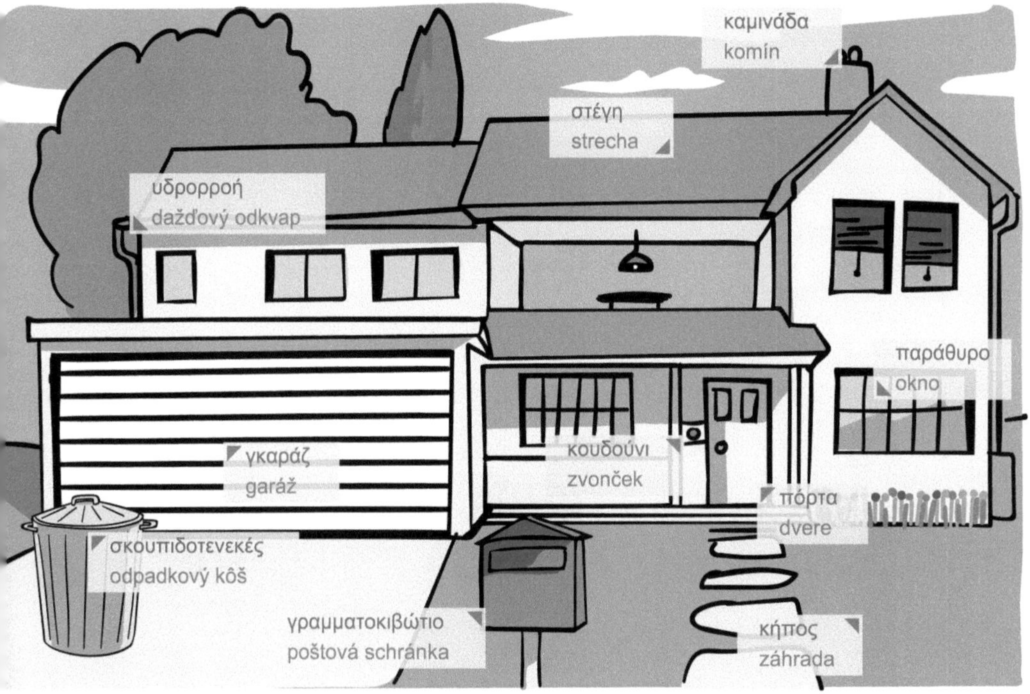
καμινάδα
komín
στέγη
strecha
υδρορροή
dažďový odkvap
παράθυρο
okno
γκαράζ
garáž
κουδούνι
zvonček
πόρτα
dvere
σκουπιδοτενεκές
odpadkový kôš
γραμματοκιβώτιο
poštová schránka
κήπος
záhrada

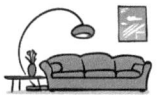

σαλόνι

obývačka

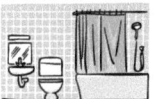

μπάνιο

kúpeľňa

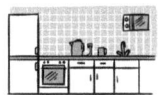

κουζίνα

kuchyňa

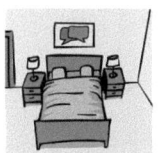

υπνοδωμάτιο

spálňa

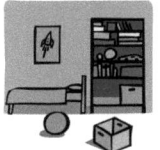

παιδικό δωμάτιο

detská izba

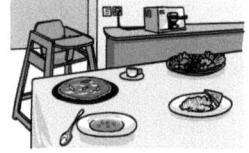

τραπεζαρία

jedáleň

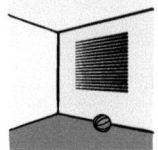

πάτωμα

podlaha

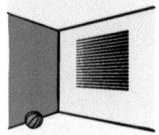

τοίχος

stena

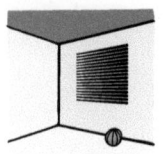

οροφή

strop

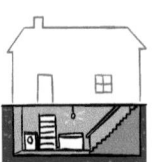

κελάρι

pivnica

σάουνα

sauna

μπαλκόνι

balkón

βεράντα

terasa

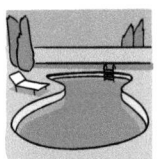

πισίνα

bazén

μηχανή του γκαζόν

kosačka

σεντόνι

obliečka

κάλυμμα κρεβατιού

posteľná prikrývka

κρεβάτι

posteľ

σκούπα

metla

κουβάς

vedro

διακόπτης

vypínač

σαλόνι
obývačka

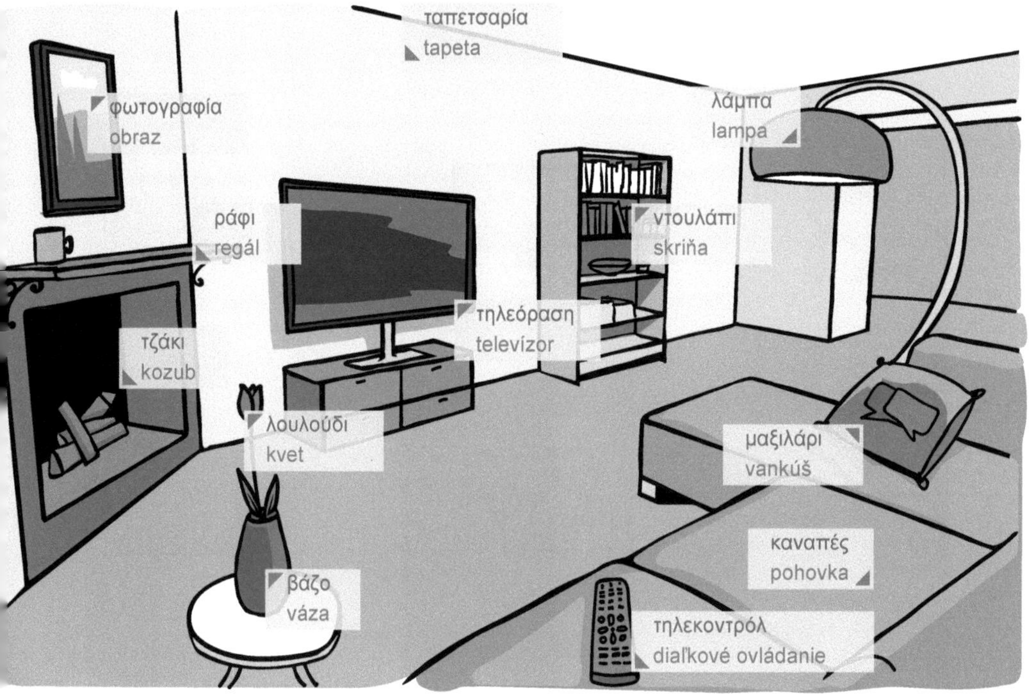

ταπετσαρία
tapeta
φωτογραφία
obraz
λάμπα
lampa
ράφι
regál
ντουλάπι
skriňa
τηλεόραση
televízor
τζάκι
kozub
λουλούδι
kvet
μαξιλάρι
vankúš
καναπές
pohovka
βάζο
váza
τηλεκοντρόλ
diaľkové ovládanie

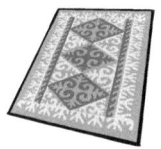

χαλί

koberec

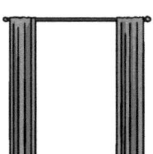

κουρτίνα

záclona

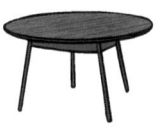

τραπέζι

stôl

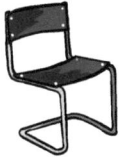

καρέκλα

stolička

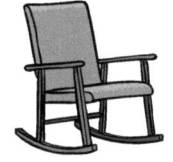

κουνιστή πολυθρόνα

hojdacie kreslo

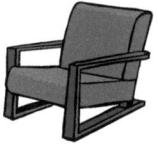

πολυθρόνα

kreslo

βιβλίο

kniha

κουβέρτα

prikrývka

διακόσμηση

dekorácia

καυσόξυλα

drevo na kúrenie

ταινία

film

στερεοφωνικό σύστημα

hi-fi veža

κλειδί

kľúč

εφημερίδα

noviny

πίνακας ζωγραφικής

maľba

αφίσα

plagát

ραδιόφωνο

rádio

σημειωματάριο

zápisník

ηλεκτρική σκούπα

vysávač

κάκτος

kaktus

κερί

sviečka

σαλόνι - obývačka

κουζίνα
kuchyňa

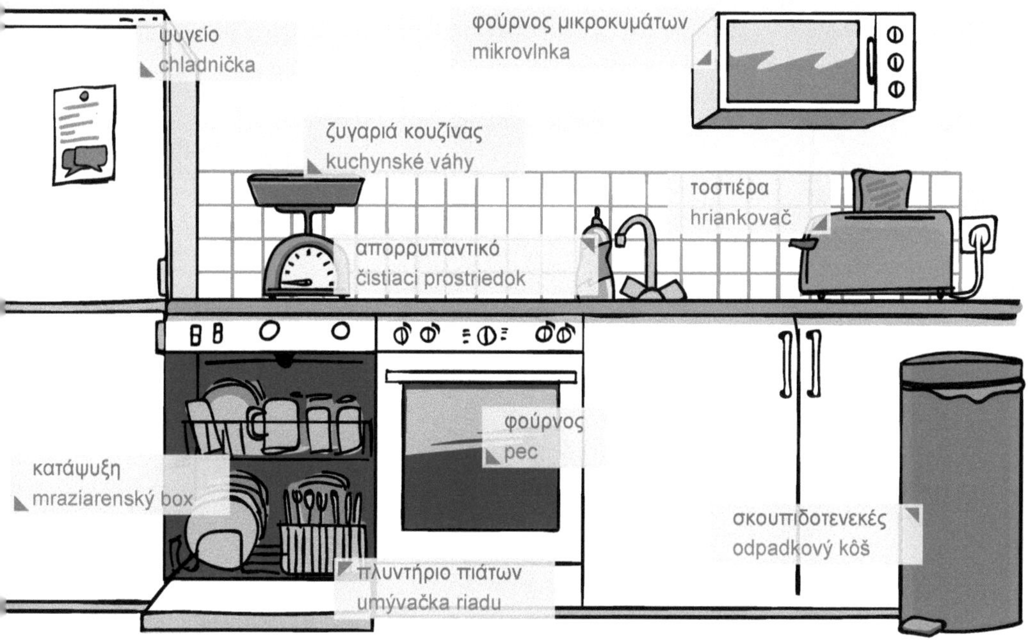

ψυγείο
chladnička
φούρνος μικροκυμάτων
mikrovlnka
ζυγαριά κουζίνας
kuchynské váhy
τοστιέρα
hriankovač
απορρυπαντικό
čistiaci prostriedok
φούρνος
pec
κατάψυξη
mraziarenský box
σκουπιδοτενεκές
odpadkový kôš
πλυντήριο πιάτων
umývačka riadu

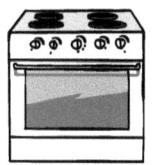

κουζίνα

sporák

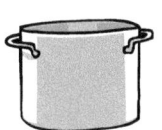

κατσαρόλα

hrniec

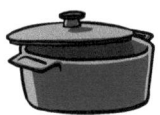

μαντεμένια κατσαρόλα

železný hrniec

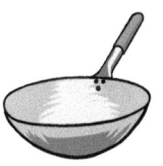

γουόκ/καντάι

wok / kadai

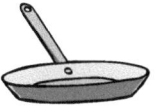

τηγάνι

panvica

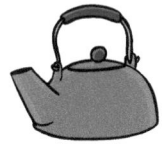

βραστήρας

rýchlovarná kanvica

ατμομάγειρας

parný hrniec

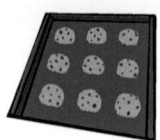

ταψί

plech na pečenie

πιατικά

riad

κούπα

pohár

μπολ

misa

ξυλάκια

paličky

κουτάλα

naberačka na polievku

σπάτουλα

stierka

ανακατεύω

metlička

σουρωτήρι

cedidlo

σουρωτηράκι

sitko

τρίφτης

strúhadlo

γουδί

mažiar

ψησταριά

gril

ανοιχτή φωτιά

ohnisko

σανίδα κοπής

doska na krájanie

πλάστης

valček na cesto

ανοιχτήρι φελλών

vývrtka

κονσέρβα

konzerva

ανοιχτήρι κονσέρβας

otvárač na konzervy

γάντι φούρνου

chňapka

νεροχύτης

výlevka

βούρτσα

kefa

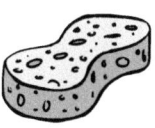

σφουγγάρι

hubka

μπλέντερ

mixér

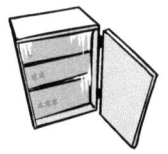

καταψύκτης

mraznička

μπιμπερό

kojenecká fľaša

βρύση

vodovodný kohútik

μπάνιο
kúpeľňa

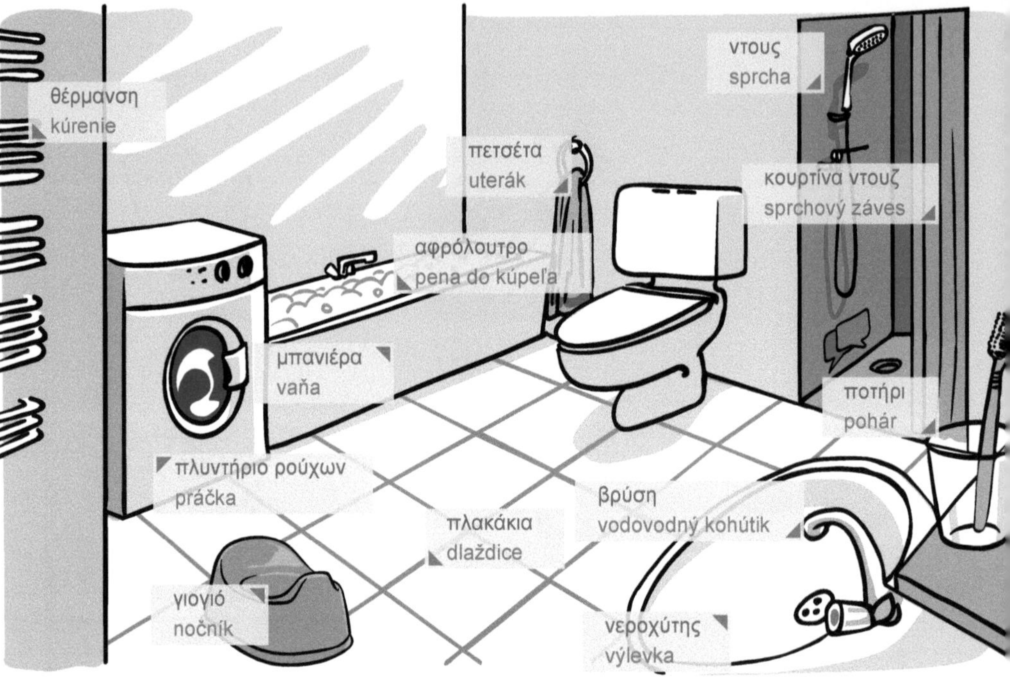
θέρμανση
kúrenie
πετσέτα
uterák
ντους
sprcha
κουρτίνα ντουζ
sprchový záves
αφρόλουτρο
pena do kúpeľa
μπανιέρα
vaňa
ποτήρι
pohár
πλυντήριο ρούχων
práčka
βρύση
vodovodný kohútik
πλακάκια
dlaždice
γιογιό
nočník
νεροχύτης
výlevka

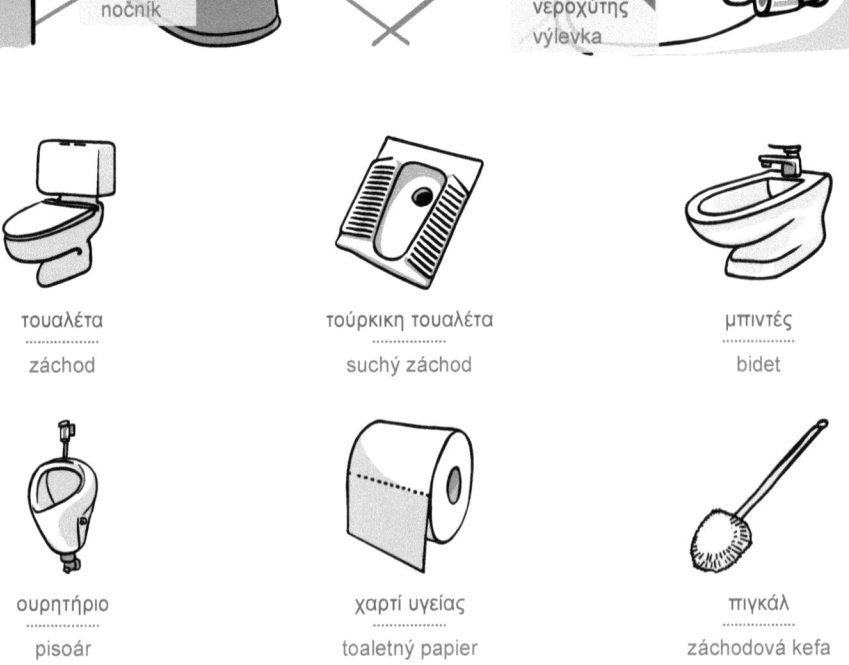

τουαλέτα
záchod

τούρκικη τουαλέτα
suchý záchod

μπιντές
bidet

ουρητήριο
pisoár

χαρτί υγείας
toaletný papier

πιγκάλ
záchodová kefa

οδοντόβουρτσα

zubná kefka

οδοντόκρεμα

zubná pasta

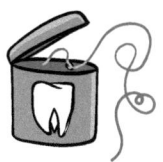

οδοντικό νήμα

dentálna niť

πλένω

umývať

τηλέφωνο ντους

ručná sprcha

ντουσιέρα

sprcha pre intímnu hygienu

λεκάνη

umývadlo

βούρτσα πλάτης

kefa na chrbát

σαπούνι

mydlo

αφρόλουτρο

sprchový gél

σαμπουάν

šampón

φανέλα

frotírová rukavica

σιφόνι

odtok

κρέμα

krém

αποσμητικό

dezodorant

καθρέφτης

zrkadlo

καθρέφτης χειρός

kozmetické zrkadlo

ξυραφάκι

žiletka

αφρός ξυρίσματος

pena na holenie

αφτερσέιβ

voda po holení

χτένα

hrebeň

βούρτσα

kefa

σεσουάρ

sušič vlasov

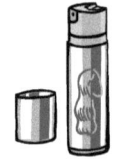

λακ

sprej na vlasy

μακιγιάζ

make-up

κραγιόν

rúž

βερνίκι νυχιών

lak na nechty

βαμβάκι

vata

ψαλίδι νυχιών

nožnice na nechty

άρωμα

parfum

νεσεσέρ

kozmetická taška

σκαμπό

stolček

ζυγαριά

váha

μπουρνούζι

kúpací plášť

ελαστικά γάντια

gumové rukavice

ταμπόν

tampón

πετσέτα υγιεινής

menštruačná vložka

χημική τουαλέτα

chemické WC

παιδικό δωμάτιο
detská izba

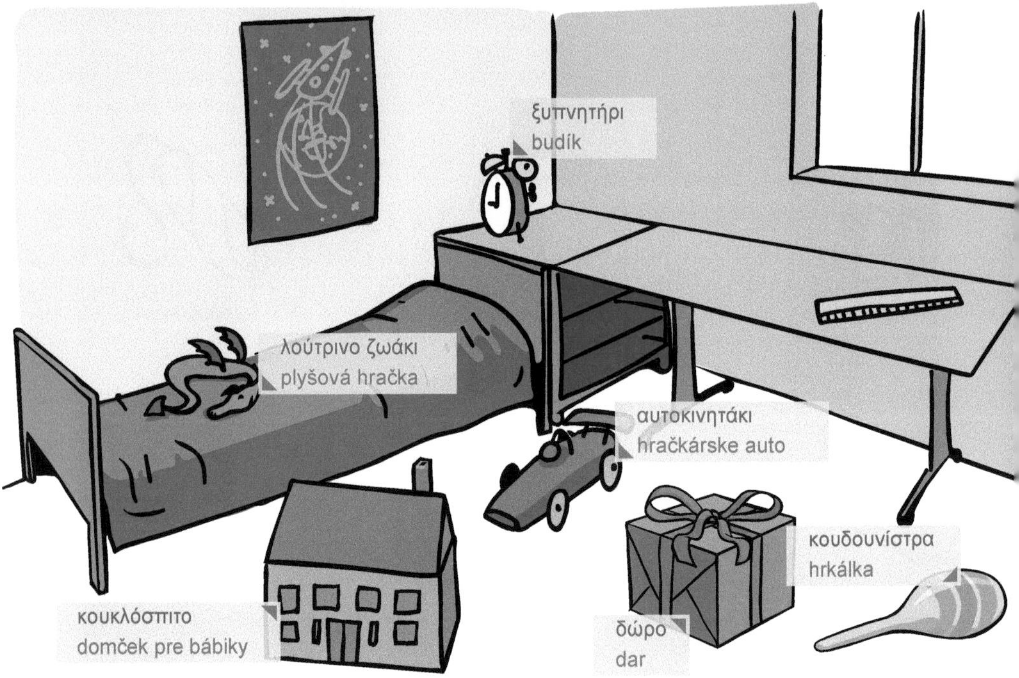

ξυπνητήρι
budík
λούτρινο ζωάκι
plyšová hračka
αυτοκινητάκι
hračkárske auto
κουδουνίστρα
hrkálka
κουκλόσπιτο
domček pre bábiky
δώρο
dar

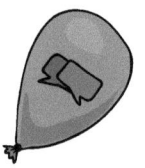

μπαλόνι

balón

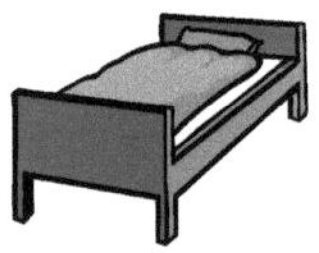

κρεβάτι

posteľ

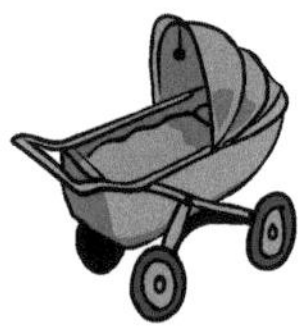

καροτσάκι

detský kočík

τράπουλα

karty

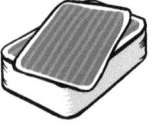

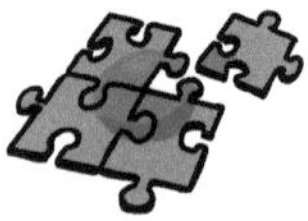

παζλ

puzzle

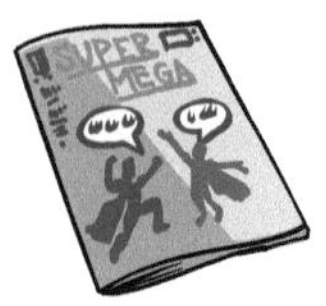

SUPER
MEGA

κόμικς

komix

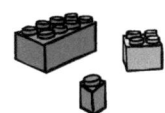

τουβλάκια lego

skladačka lego

τουβλάκια κατασκευών

stavebnica

φιγούρα δράσης

akčná postavička

βρεφικό φορμάκι

dupačky

φρίσμπι

lietajúci tanier

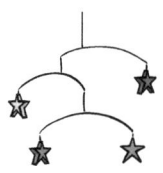

μόμπιλο

závesné hračky

επιτραπέζιο παιχνίδι

stolová hra

ζάρια

kocka

σετ τρενάκι

modelový vláčik

πιπίλα

cumlík

πάρτι

párty

εικονογραφημένο βιβλίο

obrázková kniha

μπάλα

lopta

κούκλα

bábika

παίζω

hrať sa

σκάμμα με άμμο

pieskovisko

κούνια

hojdačka

παιχνίδια

hračky

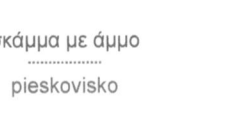

κονσόλα βιντεοπαιχνιδιών

hracia konzola

τρίκυκλο

trojkolka

αρκουδάκι

medvedík

ντουλάπα

šatník

ρούχα

šatstvo

κάλτσες

ponožky

καλτσοδέτες

pančuchy

καλσόν

pančuchové nohavičky

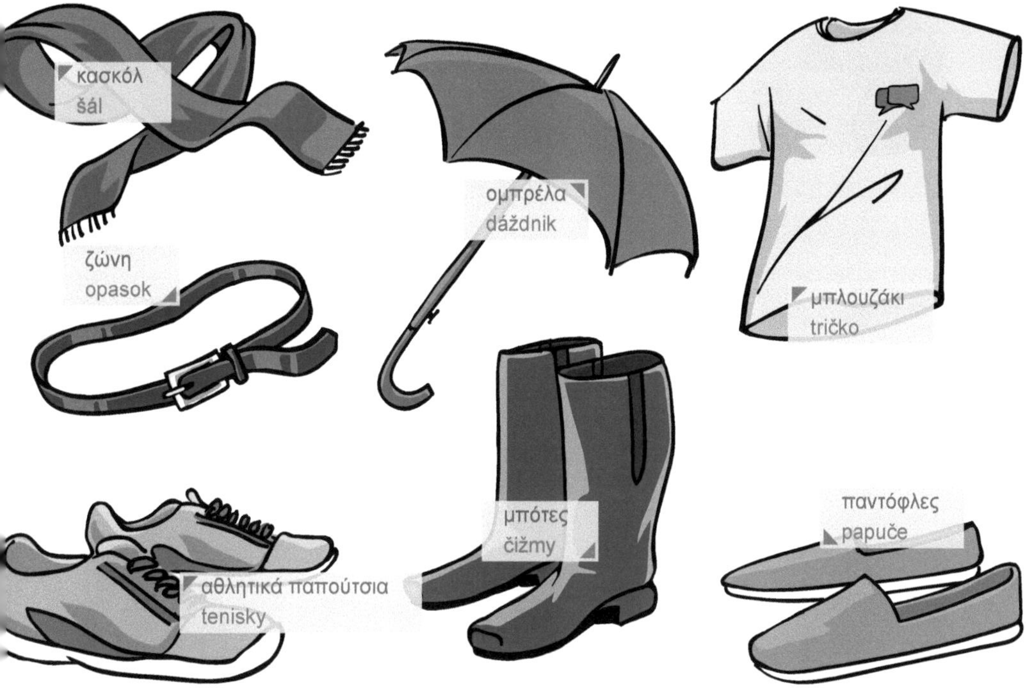

κασκόλ
šál

ομπρέλα
dáždnik

μπλουζάκι
tričko

ζώνη
opasok

μπότες
čižmy

παντόφλες
papuče

αθλητικά παπούτσια
tenisky

σανδάλια
sandále

παπούτσια
topánky

γαλότσες
gumáky

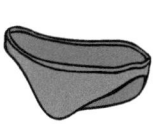

εσώρουχο
spodky

σουτιέν
podprsenka

φανέλα
tielko

σώμα
body

παντελόνι
nohavice

τζιν παντελόνι
džínsy

φούστα
sukňa

μπλούζα
blúzka

πουκάμισο
košeľa

πουλόβερ
pulóver

πουλόβερ
sveter

σακάκι
blejzer

μπουφάν
bunda

παλτό
kabát

αδιάβροχο πανωφόρι
pršiplášť

κοστούμι
kostým

φόρεμα
šaty

νυφικό
svadobné šaty

κοστούμι

oblek

νυχτικό

nočná košeľa

πιτζάμες

pyžamo

σάρι

sari

μαντήλι

šatka na hlavu

τουρμπάνι

turban

μπούρκα

burka

καφτάνι

kaftan

μουσουλμανικό ένδυμα

abaja

ολόσωμο μαγιό

dvojdielne plavky

ανδρικό μαγιό

plavky

σορτς

šortky

αθλητική φόρμα

tepláková súprava

ποδιά

zástera

γάντια

rukavice

ρούχα - šatstvo

κουμπί

gombík

γυαλιά

okuliare

βραχιόλι

náramok

περιδέραιο

retiazka

δαχτυλίδι

prsteň

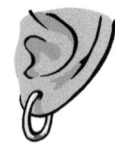

σκουλαρίκι

náušnica

καπέλο

čiapka

κρεμάστρα

vešiak

καπέλο

klobúk

γραβάτα

kravata

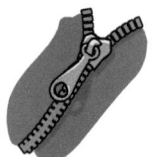

φερμουάρ

zips

κράνος

prilba

τιράντες

traky

μαθητική στολή

školská uniforma

στολή

uniforma

ρούχα - šatstvo

σαλιάρα

podbradník

πιπίλα

cumlík

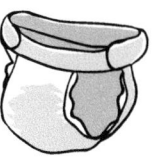

πάνα

plienka

γραφείο
kancelária

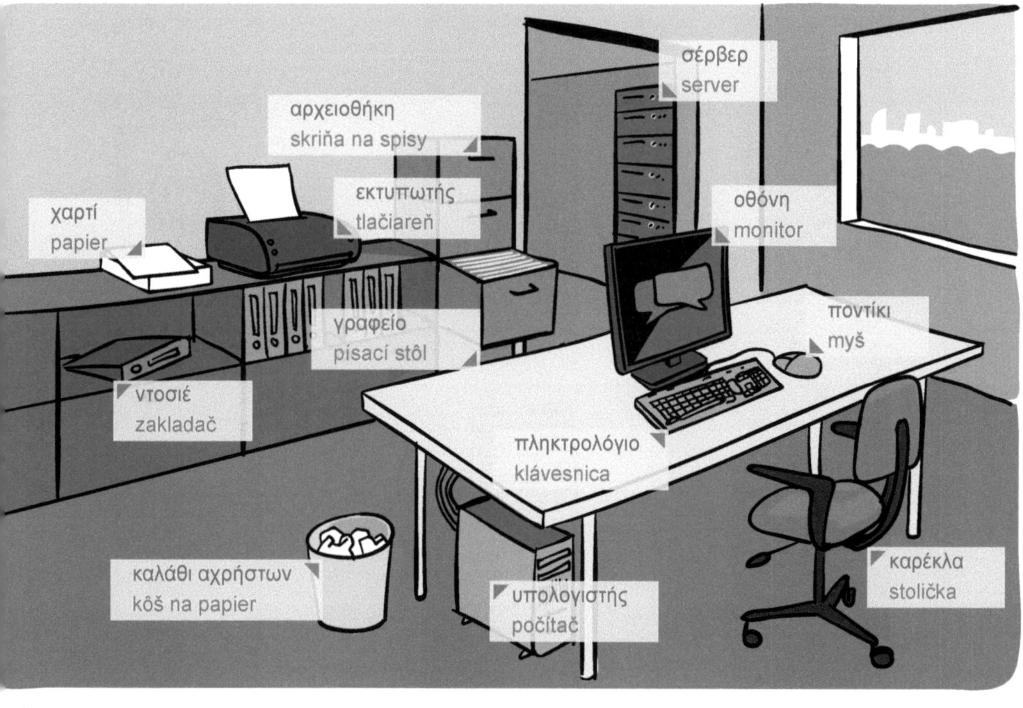

χαρτί
papier

αρχειοθήκη
skriňa na spisy

εκτυπωτής
tlačiareň

σέρβερ
server

οθόνη
monitor

γραφείο
písací stôl

ντοσιέ
zakladač

ποντίκι
myš

πληκτρολόγιο
klávesnica

καλάθι αχρήστων
kôš na papier

υπολογιστής
počítač

καρέκλα
stolička

κούπα του καφέ

hrnček na kávu

κομπιουτεράκι

kalkulačka

ίντερνετ

internet

λάπτοπ

laptop

γράμμα

list

μήνυμα

správa

κινητό

mobil

δίκτυο

sieť

φωτοτυπικό μηχάνημα

kopírka

λογισμικό

softvér

τηλέφωνο

telefón

πρίζα

elektrická zásuvka

συσκευή φαξ

fax

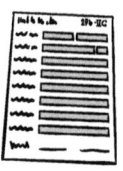

έντυπο

formulár

έγγραφο

doklad

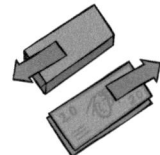

αγοράζω
kúpiť

πληρώνω
platiť

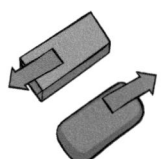

συναλλάσσομαι
obchodovať

χρήματα
peniaze

δολάριο
dolár

ευρώ
euro

γιεν
jen

ρούβλι
rubeľ

ελβετικό φράγκο
švajčiarsky frank

ρενμίνμπι γιουάν
čínsky jüan

ρουπία
rupia

ATM (αυτόματη ταμειακή μηχανή)
bankomat

ανταλλακτήρια
συναλλάγματος
zmenáreň

χρυσός
zlato

ασήμι
striebro

πετρέλαιο
ropa

ενέργεια
energia

τιμή
cena

συμβόλαιο
zmluva

φόρος
daň

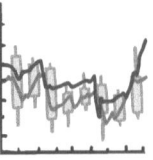

μετοχή
akcia

δουλεύω
pracovať

υπάλληλος
zamestnanec

εργοδότης
zamestnávateľ

εργοστάσιο
továreň

κατάστημα
obchod

επαγγέλματα
hasič

αστυνόμος
policajt

πυροσβέστης
hasič

μάγειρας
kuchár

γιατρός
lekár

πιλότος
pilót

κηπουρός
záhradník

ξυλουργός
stolár

μοδίστρα
krajčírka

δικαστής
sudca

χημικός
chemik

ηθοποιός
herec

οδηγός λεωφορείου

vodič autobusu

ταξιτζής

taxikár

ψαράς

rybár

καθαρίστρια

upratovačka

τεχνίτης στεγών

pokrývač

σερβιτόρος

čašník

κυνηγός

poľovník

ζωγράφος

maliar

αρτοποιός

pekár

ηλεκτρολόγος

elektrikár

οικοδόμος

stavebný robotník

μηχανολόγος

inžinier

κρεοπώλης

mäsiar

υδραυλικός

klampiar

ταχυδρόμος

poštár

στρατιώτης

vojak

αρχιτέκτονας

architekt

ταμίας

pokladník

ανθοπώλης

kvetinár

κομμωτής

kaderník

ελεγκτής εισιτηρίων

sprievodca

μηχανικός

mechanik

καπετάνιος

kapitán

οδοντίατρος

zubár

επιστήμονας

vedec

ραβίνος

rabín

ιμάμης

imám

μοναχός

mních

ιερέας

farár

εργαλεία
náradie

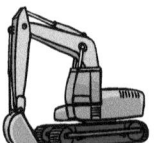

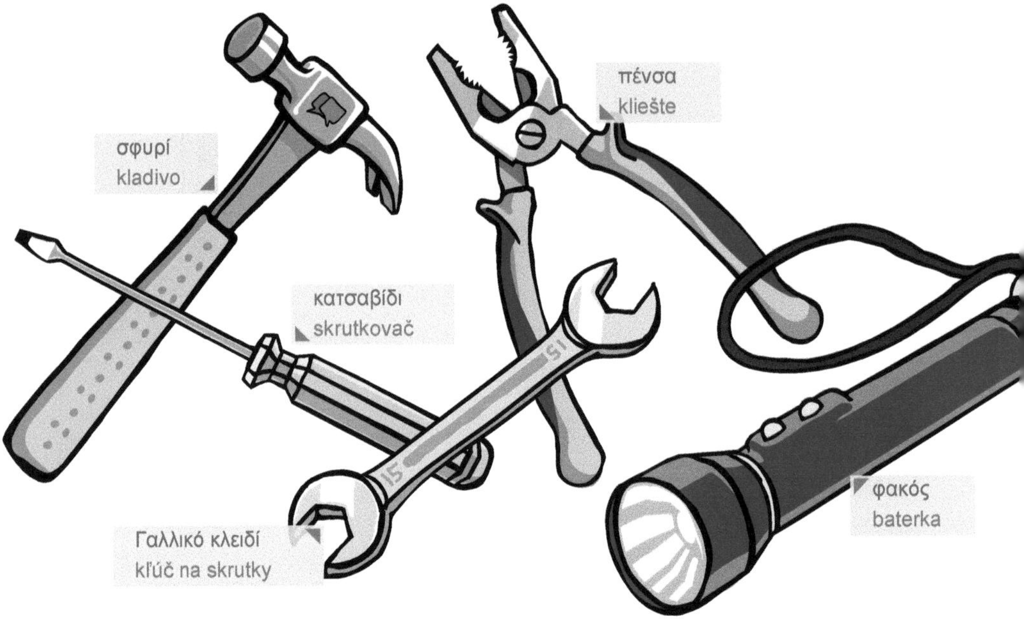

πένσα
kliešte
σφυρί
kladivo
κατσαβίδι
skrutkovač
Γαλλικό κλειδί
kľúč na skrutky
φακός
baterka

εκσκαφέας

bager

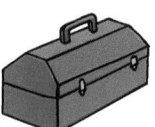

εργαλειοθήκη

súprava náradia

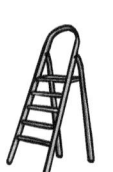

σκάλα

rebrík

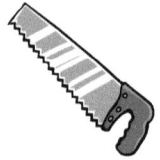

πριόνι

pílka

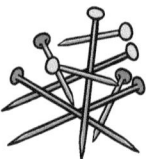

καρφιά

klince

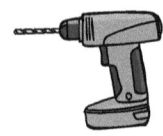

τρυπάνι

vrták

επισκευάζω

opraviť

φτυάρι

lopata

Να πάρει!

Do čerta!

φαράσι

lopatka na smeti

δοχείο χρωμάτων

nádoba s farbou

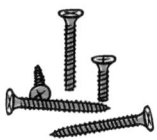

βίδες

skrutky

μουσικά όργανα
hudobné nástroje

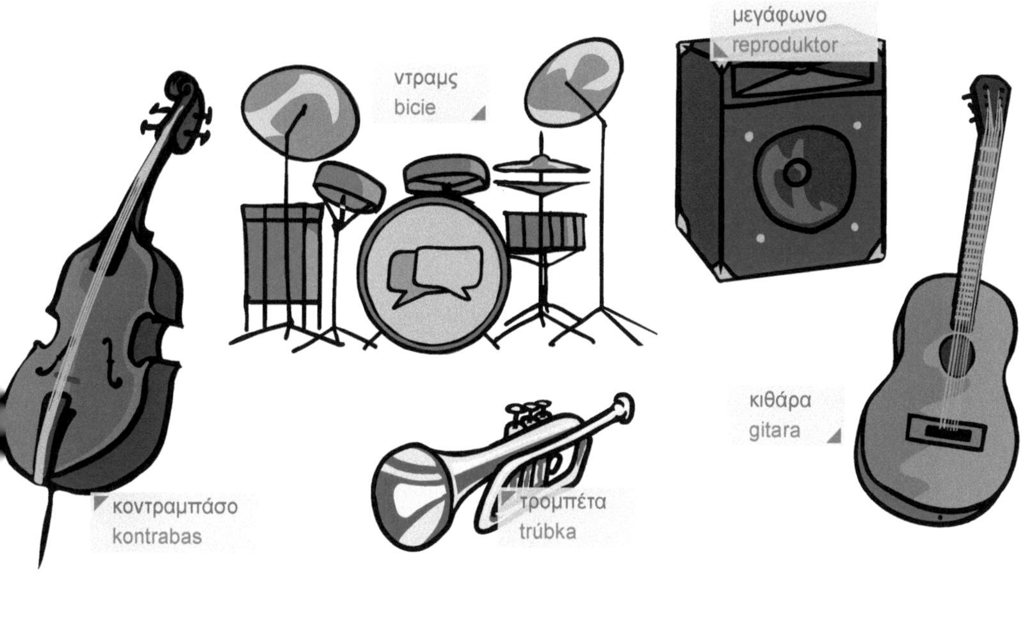

μεγάφωνο
reproduktor

ντραμς
bicie

κιθάρα
gitara

κοντραμπάσο
kontrabas

τρομπέτα
trúbka

πιάνο

klavír

βιολί

husle

μπάσο

basa

τύμπανα

tympany

τύμπανο

bubon

πλήκτρα

klávesnica

σαξόφωνο

saxofón

φλάουτο

flauta

μικρόφωνο

mikrofón

ζωολογικός κήπος
ZOO

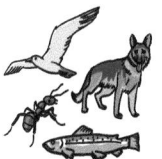

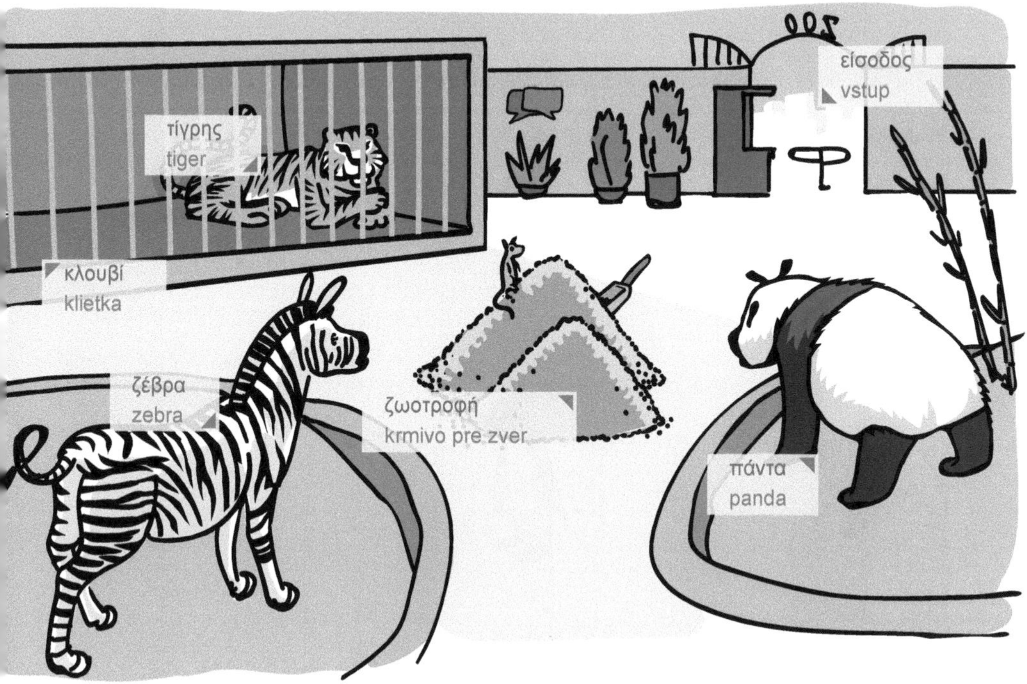

είσοδος
vstup
τίγρης
tiger
κλουβί
klietka
ζέβρα
zebra
ζωοτροφή
krmivo pre zver
πάντα
panda

ζώα
zvieratá

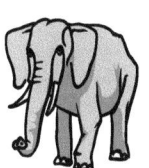

ελέφαντας
slon

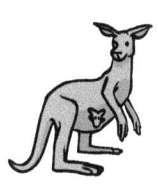

καγκουρό
klokan

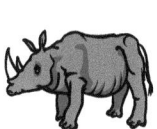

ρινόκερος
nosorožec

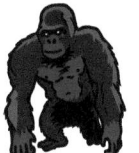

γορίλας
gorila

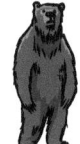

αρκούδα
medveď

καμήλα
ťava

στρουθοκάμηλος
pštros

λιοντάρι
lev

πίθηκος
opica

φλαμίνγκο
plameniak

παπαγάλος
papagáj

πολική αρκούδα
ľadový medveď

πιγκουίνος
tučniak

καρχαρίας
žralok

παγώνι
páv

φίδι
had

κροκόδειλος
krokodíl

φύλακας ζωολογικού κήπου
ošetrovateľ v ZOO

φώκια
tuleň

τζάγκουαρ
jaguár

60 ζωολογικός κήπος - ZOO

πόνυ

poník

λεοπάρδαλη

leopard

ιπποπόταμος

hroch

καμηλοπάρδαλη

žirafa

αετός

orol

αγριογούρουνο

diviak

ψάρι

ryba

χελώνα

korytnačka

θαλάσσιος ίππος

mrož

αλεπού

líška

γαζέλα

gazela

Αμερικάνικο ποδόσφαιρο
americký futbal

ποδηλασία
cyklistika

αντισφαίριση
tenis

μπάσκετ
basketbal

κολύμβηση
plávanie

πυγχαμία
box

χόκεϋ επί πάγου
hokej

ποδόσφαιρο
futbal

μπάντμιντον
bedminton

στίβος
ľahká atletika

χάντμπολ
hádzaná

σκι
lyžovanie

πόλο
pólo

δραστηριότητες
aktivity

γελάω
smiať sa
πηδάω
skočiť
αγκαλιάζω
objať
περπατάω
chodiť
τραγουδάω
spievať
ονειρεύομαι
snívať
προσεύχομαι
modliť sa
φιλάω
pobozkať

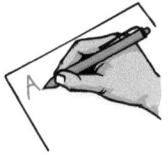

γράφω

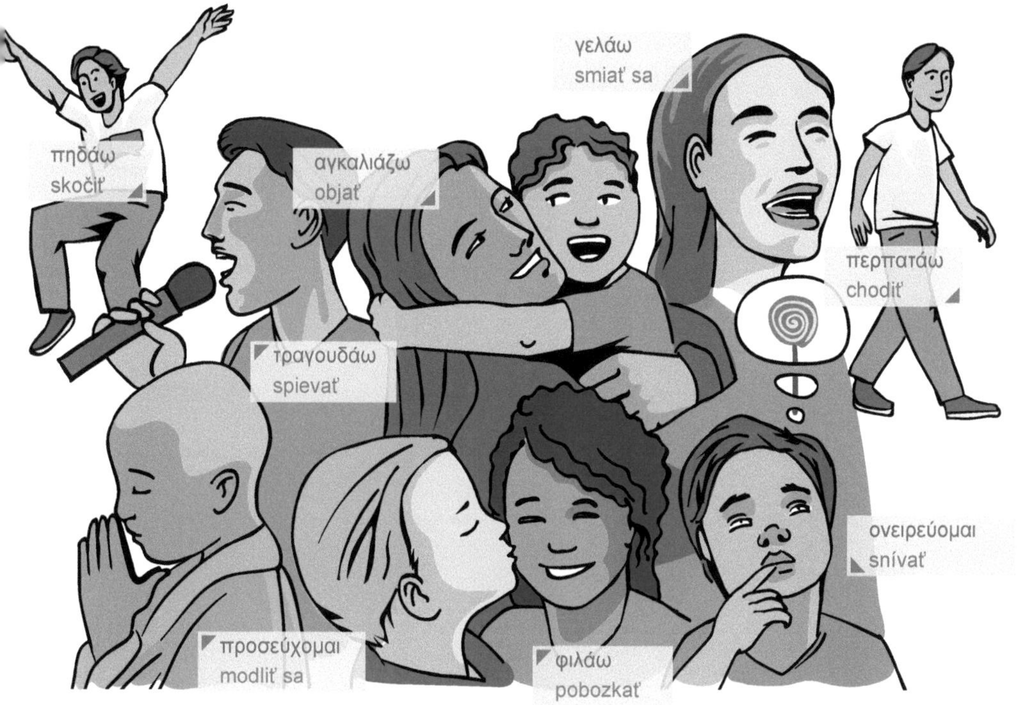

písať

σχεδιάζω

kresliť

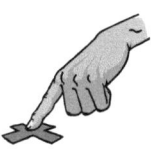

δείχνω

ukázať

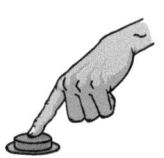

πιέζω

tlačiť

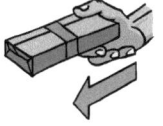

δίνω

dať

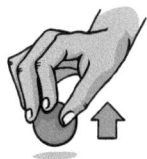

παίρνω

brať

έχω

mať

κάνω

robiť

είμαι

byť

στέκομαι

stáť

τρέχω

bežať

τραβάω

ťahať

ρίχνω

hádzať

πέφτω

padnúť

ξαπλώνω

ležať

περιμένω

čakať

κουβαλώ

nosiť

κάθομαι

sedieť

φοράω

obliecť sa

κοιμάμαι

spať

ξυπνάω

zobudiť sa

κοιτάω
pozerať

κλαίω
plakať

χαϊδεύω
hladkať

χτενίζω
česať

μιλάω
hovoriť

καταλαβαίνω
rozumieť

ρωτάω
pýtať sa

ακούω
počuť

πίνω
piť

τρώω
jesť

συγυρίζω
upratať

αγαπάω
milovať

μαγειρεύω
variť

οδηγώ
jazdiť

πετάω
letieť

κάνω ιστιοπλοΐα
plachtiť

υπολογίζω
počítať

διαβάζω
čítať

μαθαίνω
učiť sa

δουλεύω
pracovať

παντρεύομαι
oženiť

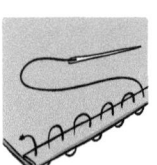

ράβω
šiť

βουρτσίζω τα δόντια
čistiť zuby

σκοτώνω
zabiť

καπνίζω
fajčiť

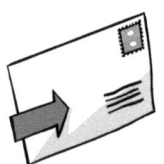

στέλνω
poslať

οικογένεια
rodina

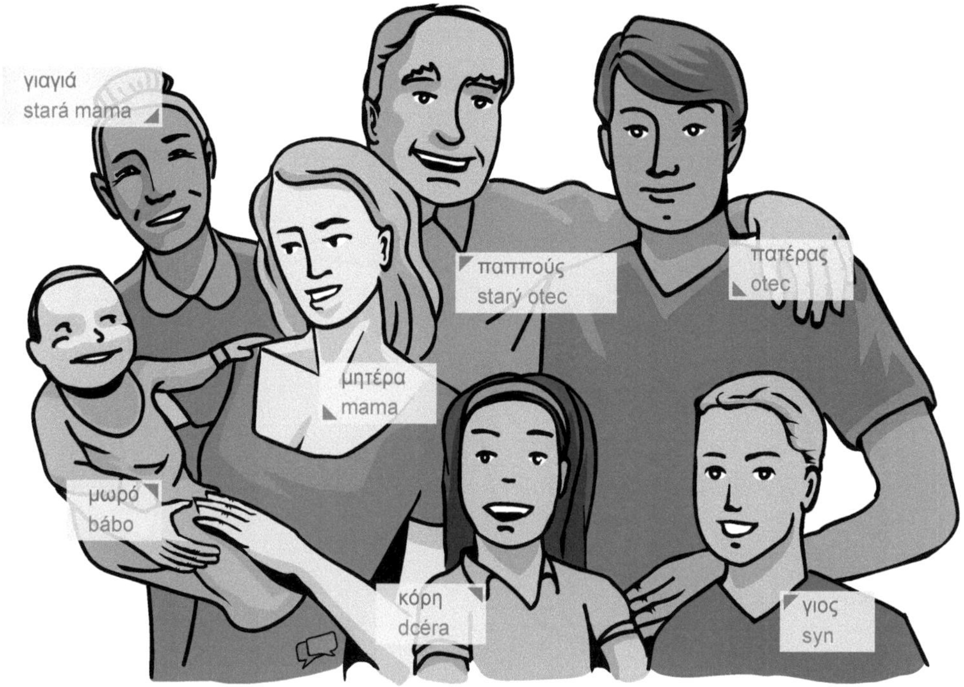
γιαγιά
stará mama
παππούς
starý otec
πατέρας
otec
μητέρα
mama
μωρό
bábo
κόρη
dcéra
γιος
syn

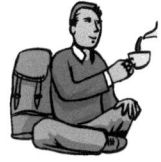

καλεσμένος

hosť

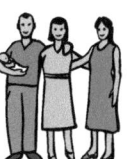

θεία

teta

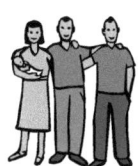

θείος

strýko

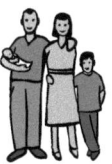

αδελφός

brat

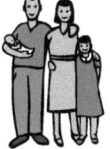

αδελφή

sestra

σώμα

telo

μέτωπο
čelo
μάτι
oko
ώμος
plece
δάχτυλο
prst
πρόσωπο
tvár
πιγούνι
brada
χέρι
ruka
στήθος
hruď
πόδι
noha
βραχίονας
rameno

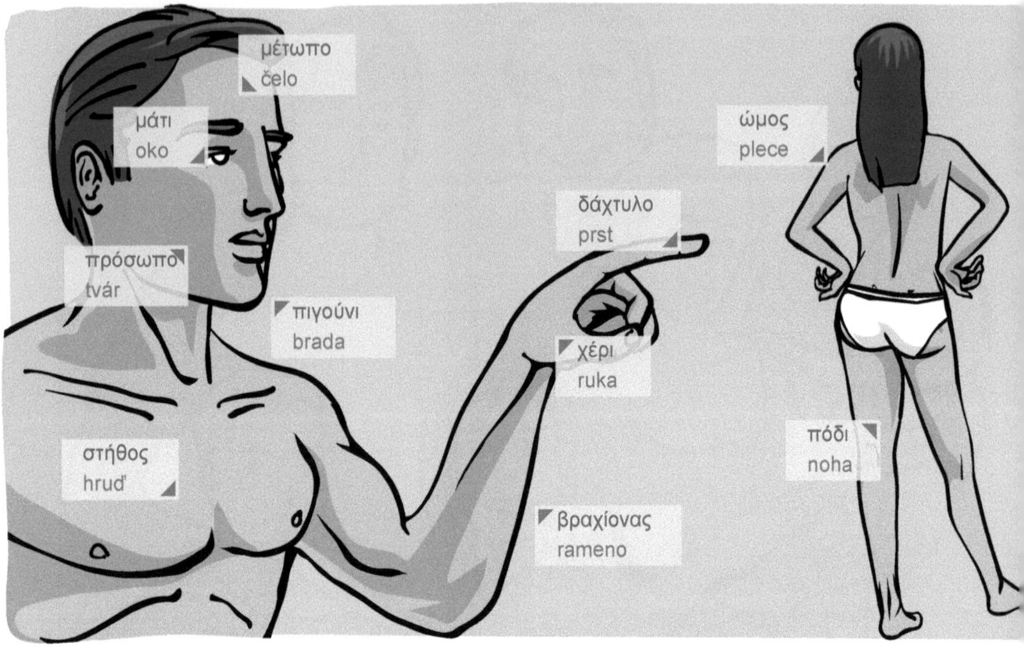

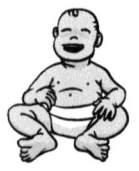

μωρό

bábo

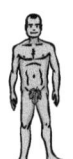

άνδρας

muž

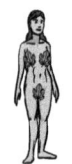

γυναίκα

žena

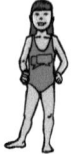

κορίτσι

dievča

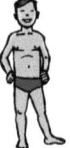

αγόρι

chlapec

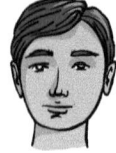

κεφάλι

hlava

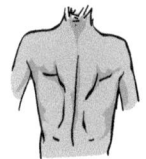	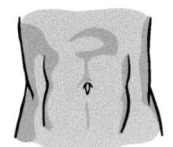	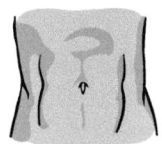
πλάτη	κοιλιά	αφαλός
chrbát	brucho	pupok
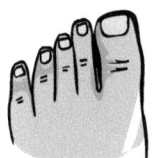	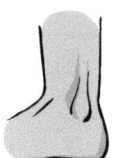	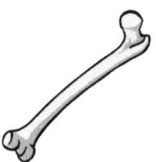
δάχτυλο ποδιού	φτέρνα	κόκκαλο
prst na nohe	päta	kosť
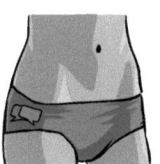		
γοφός	γόνατο	αγκώνας
bok	koleno	lakeť
		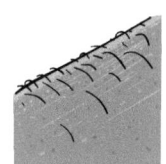
μύτη	γλουτός	δέρμα
nos	zadok	koža
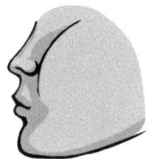	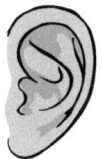	
μάγουλο	αυτί	χείλος
líce	ucho	pery

στόμα

ústa

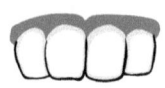

δόντι

zub

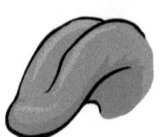

γλώσσα

jazyk

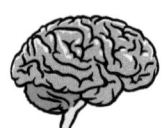

εγκέφαλος

mozog

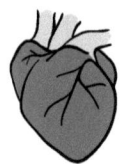

καρδιά

srdce

μυς

svaly

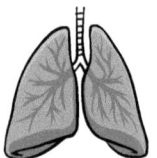

πνεύμονας

pľúca

συκώτι

pečeň

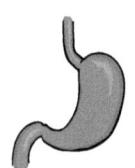

στομάχι

žalúdok

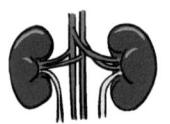

νεφρά

obličky

σεξουαλική επαφή

pohlavný styk

προφυλακτικό

kondóm

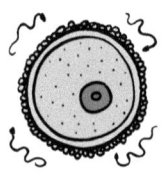

ωάριο

vaječná bunka

σπέρμα

semeno

εγκυμοσύνη

tehotenstvo

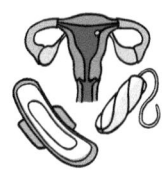

περίοδος
menštruácia

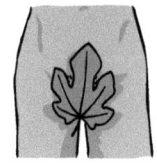

γυναικείος κόλπος
vagína

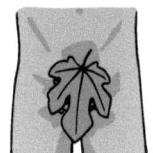

πέος
penis

φρύδι
obočie

μαλλιά
vlasy

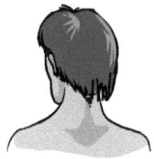

λαιμός
krk

νοσοκομείο

nemocnica

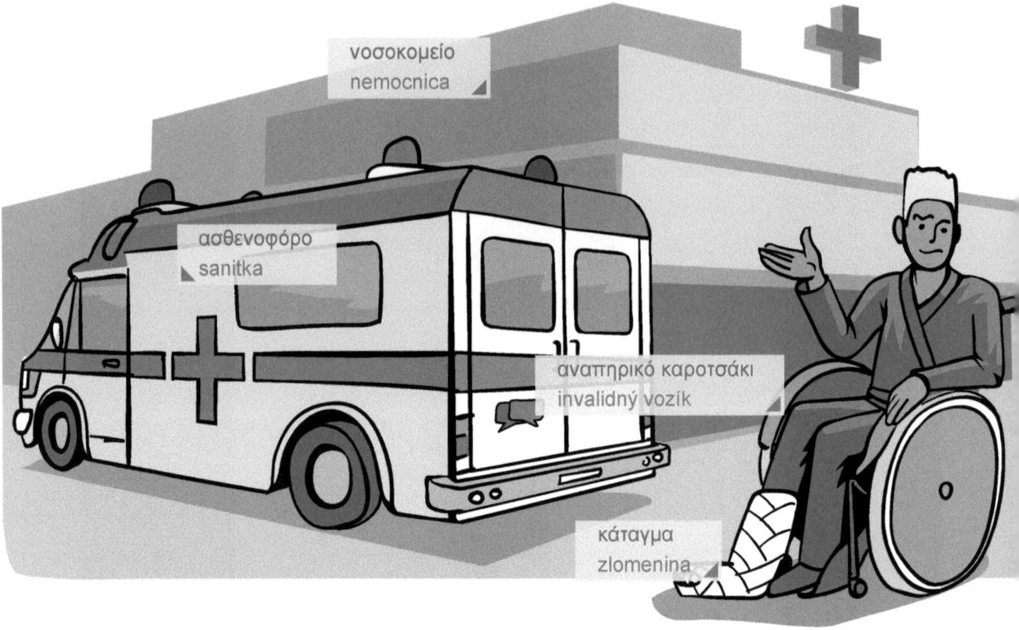

νοσοκομείο
nemocnica
ασθενοφόρο
sanitka
αναπηρικό καροτσάκι
invalidný vozík
κάταγμα
zlomenina

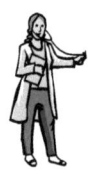

γιατρός

lekár

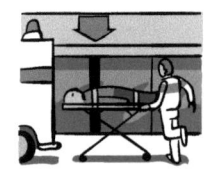

μονάδα εντατικής θεραπείας

urgentný príjem

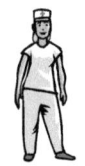

νοσοκόμα

sestrička

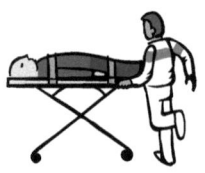

έκτακτη ανάγκη

urgentný prípad

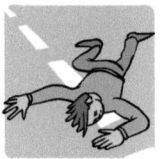

λιπόθυμος

v bezvedomí

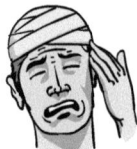

πόνος

bolesť

τραύμα
zranenie

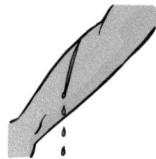

αιμορραγία
krvácanie

έμφραγμα
srdcový infarkt

εγκεφαλικό
mozgová porážka

αλλεργία
alergia

βήχας
kašeľ

πυρετός
teplota

γρίπη
chrípka

διάρροια
hnačka

πονοκέφαλος
bolesť hlavy

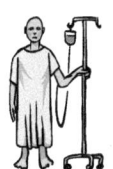

καρκίνος
rakovina

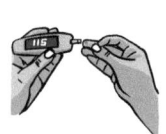

διαβήτης
cukrovka

χειρουργός
chirurg

νυστέρι
skalpel

εγχείρηση
operácia

αξονική τομογραφία
CT

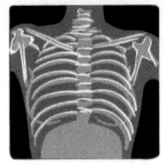

ακτινογραφία
RTG

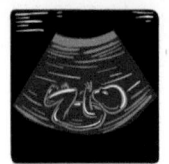

υπέρηχος
ultrazvuk

μάσκα
maska

ασθένεια
choroba

αίθουσα αναμονής
čakáreň

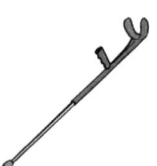

πατερίτσα
barla

χάνσαπλαστ
náplasť

επίδεσμος
obväz

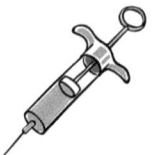

ένεση
injekcia

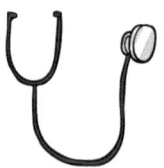

στηθοσκόπιο
fonendoskop

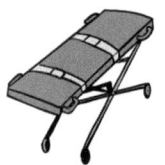

φορείο
nosidlá

θερμόμετρο
teplomer

γέννηση
pôrod

υπέρβαρο
nadváha

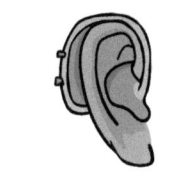

ακουστικό βαρηκοΐας

audiofón

αντισηπτικό

dezinfekčný prostriedok

λοίμωξη

infekcia

ιός

vírus

HIV/AIDS

HIV / AIDS

φάρμακο

medicína

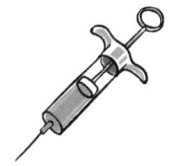

εμβολιασμός

očkovanie

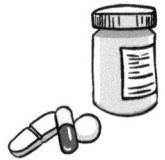

δισκία

tabletky

χάπι

antikoncepčná pilulka

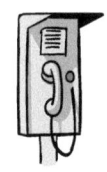

κλήση έκτακτης ανάγκης

tiesňové volanie

πιεσόμετρο αίματος

tlakomer

άρρωστος / υγιής

chorý / zdravý

Βοήθεια!	συναγερμός	βιαιοπραγία
Pomoc!	alarm	prepad
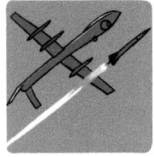		
επίθεση	κίνδυνος	έξοδος κινδύνου
útok	nebezpečenstvo	núdzový východ

Φωτιά!	πυροσβεστήρας	ατύχημα
Horí!	hasičský prístroj	nehoda
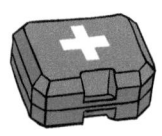		
κουτί πρώτων βοηθειών	SOS	αστυνομία
kufrík prvej pomoci	SOS	polícia

Ευρώπη

Európa

Βόρεια Αμερική

Severná Amerika

Νότια Αμερική

Južná Amerika

Αφρική

Afrika

Ασία

Ázia

Αυστραλία

Austrália

Ατλαντικός Ωκεανός

Atlantický oceán

Ειρηνικός Ωκεανός

Tichý oceán

Ινδικός Ωκεανός

Indický oceán

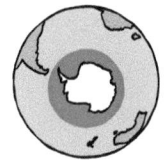

Ανταρκτικός Ωκεανός

Južný oceán

Αρκτικός Ωκεανός

Severný ľadový oceán

Βόρειος Πόλος

Severný pól

Νότιος Πόλος

Južný pól

Ανταρκτική

Antarktída

Γη

Zem

γη

krajina

θάλασσα

more

νησί

ostrov

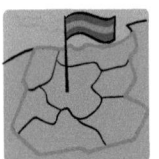

έθνος

národ

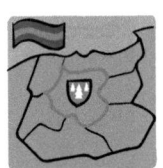

πολιτεία

štát

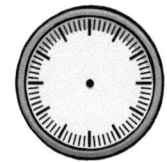

καντράν ρολογιού

ciferník

ωροδείκτης

hodinová ručička

λεπτοδείκτης

minútová ručička

δείκτης δευτερολέπτων

sekundová ručička

Τι ώρα είναι;

Koľko je hodín?

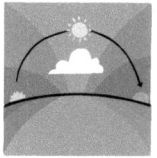

ημέρα

deň

χρόνος

čas

τώρα

teraz

ψηφιακό ρολόι

digitálne hodiny

λεπτό

minúta

ώρα

hodina

εβδομάδα
týždeň

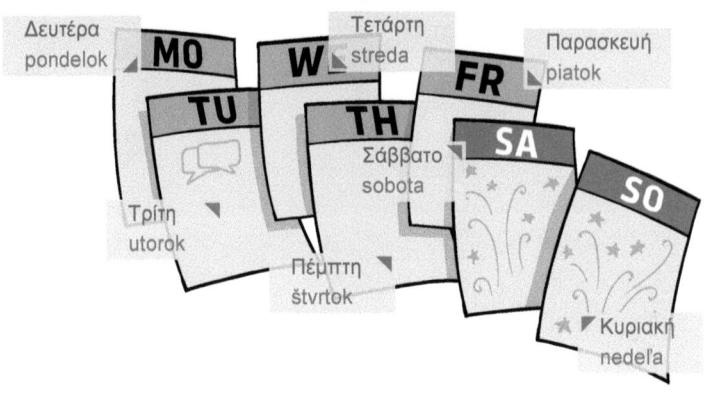

Δευτέρα
pondelok

Τρίτη
utorok

Τετάρτη
streda

Πέμπτη
štvrtok

Παρασκευή
piatok

Σάββατο
sobota

Κυριακή
nedeľa

χθες
....
včera

σήμερα
....
dnes

αύριο
....
zajtra

πρωί
....
ráno

μεσημέρι
....
poludnie

βράδυ
....
večer

MO	TU	WE	TH	FR	SA	SU
1	2	3	4	5	6	7
8	9	10	11	12	13	14
15	16	17	18	19	20	21
22	23	24	25	26	27	28
29	30	31	1	2	3	4

MO	TU	WE	TH	FR	SA	SU
1	2	3	4	5	6	7
8	9	10	11	12	13	14
15	16	17	18	19	20	21
22	23	24	25	26	27	28
29	30	31	1	2	3	4

εργάσιμες ημέρες
....
pracovné dni

Σαββατοκύριακο
....
víkend

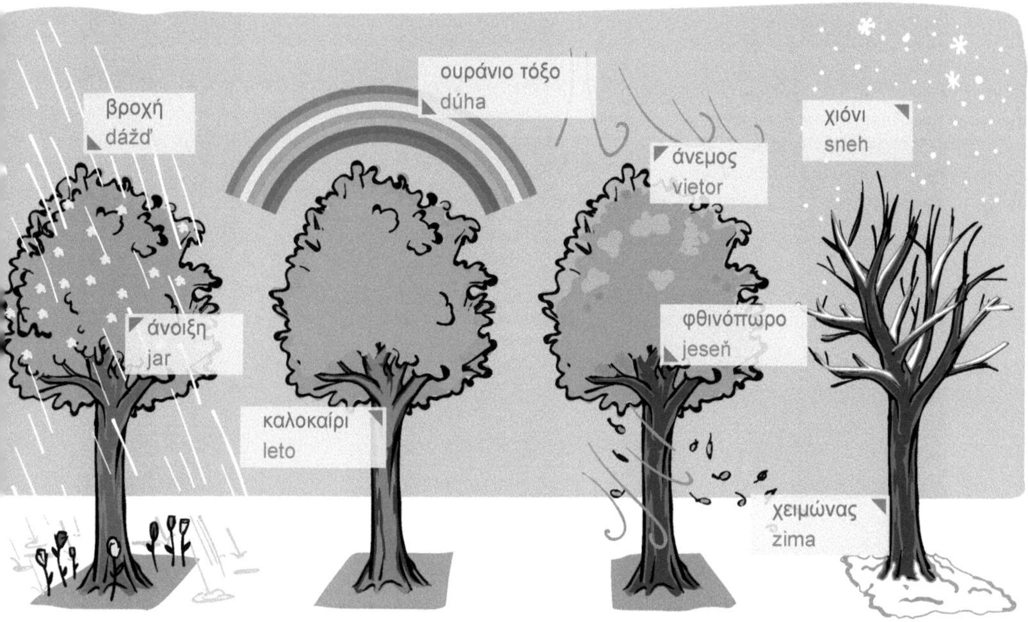

βροχή
dážď
ουράνιο τόξο
dúha
χιόνι
sneh
άνεμος
vietor
άνοιξη
jar
φθινόπωρο
jeseň
καλοκαίρι
leto
χειμώνας
zima

4.APRIL 11°
5.APRIL 4°
6.APRIL 13°
7.APRIL 8°
8.APRIL 10°

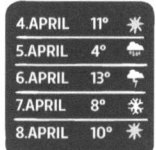

πρόγνωση καιρού

predpoveď počasia

F C
120 90 60 30 0 -30
40 30 20 10 0 -10 -20

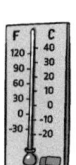

θερμόμετρο

teplomer

λιακάδα

slnečný svit

σύννεφο

oblak

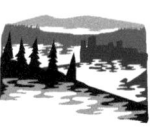

ομίχλη

hmla

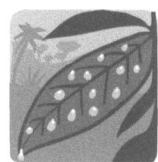

υγρασία

vlhkosť vzduchu

αστραπή

blesk

κεραυνός

hrom

καταιγίδα

búrka

χαλάζι

krúpy

μουσώνας

monzún

πλημμύρα

záplava

πάγος

ľad

Ιανουάριος

január

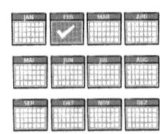

Φεβρουάριος

február

Μάρτιος

marec

Απρίλιος

apríl

Μάιος

máj

Ιούνιος

jún

Ιούλιος

júl

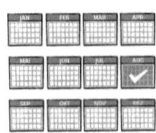

Αύγουστος

august

έτος - rok

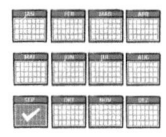

Σεπτέμβριος
....
september

Οκτώβριος
....
október

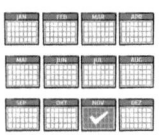

Νοέμβριος
....
november

Δεκέμβριος
....
december

σχήματα
tvary

κύκλος
....
kruh

τετράγωνο
....
štvorec

ορθογώνιο
παραλληλόγραμμο
obdĺžnik

τρίγωνο
....
trojuholník

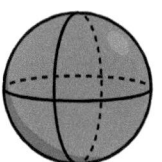

σφαίρα
....
guľa

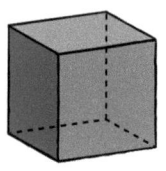

κύβος
....
kocka

άσπρο

biela

κίτρινο

žltá

πορτοκαλί

oranžová

ροζ

ružová

κόκκινο

červená

μωβ

fialová

μπλε

modrá

πράσινο

zelená

καφέ

hnedá

γκρι

šedá

μαύρο

čierna

πολύ / λίγο
veľa / málo

θυμωμένος / ήρεμος
zúrivý / pokojný

όμορφος / άσχημος
pekný / škaredý

αρχή / τέλος
začiatok / koniec

μεγάλος / μικρός
veľký / malý

φωτεινός / σκοτεινός
svetlý / tmavý

αδελφός / αδελφή
brat / sestra

καθαρός / λερωμένος
čistý / špinavý

πλήρης / ατελής
úplný / neúplný

ημέρα / νύχτα
deň / noc

νεκρός / ζωντανός
mŕtvy / živý

φαρδύς / στενός
široký / úzky

βρώσιμος / μη βρώσιμος

chutný / nechutný

κακός / ευγενικός

zlostný / láskavý

ενθουσιασμένος / βαριεστημένος

vzrušený / unudený

παχύς / λεπτός

tlstý / chudý

πρώτος / τελευταίος

prvý / posledný

φίλος / εχθρός

priateľ / nepriateľ

γεμάτος / άδειος

plný / prázdny

σκληρός / μαλακός

tvrdý / mäkký

βαρύς / ελαφρύς

ťažký / ľahký

πείνα / δίψα

hlad / smäd

άρρωστος / υγιής

chorý / zdravý

παράνομος / νόμιμος

nelegálny / legálny

έξυπνος / χαζός

inteligentný / hlúpy

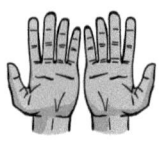

αριστερός / δεξιός

vľavo / vpravo

κοντινός / μακρινός

blízko / ďaleko

καινούριος /
μεταχειρισμένος

nový / použitý

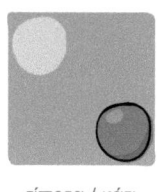

τίποτα / κάτι

nič / niečo

γέρος | νέος

starý / mladý

αναμμένος / σβηστός

zapnuté / vypnuté

ανοιχτός / κλειστός

otvorené / zatvorené

χαμηλόφωνος /
μεγαλόφωνος
tichý / hlasný

πλούσιος / φτωχός

bohatý / chudobný

σωστός / λανθασμένος

správne / nesprávne

τραχύς / λείος

drsný / hladký

λυπημένος / χαρούμενος

smutný / šťastný

κοντός / μακρύς

krátky / dlhý

αργός / γρήγορος

pomaly / rýchlo

υγρός / στεγνός

mokrý / suchý

ζεστός / δροσερός

teplý / studený

πόλεμος / ειρήνη

vojna / mier

0	**1**	**2**
μηδέν	ένα	δύο
nula	jeden	dva

3	**4**	**5**
τρία	τέσσερα	πέντε
tri	štyri	päť

6	**7**	**8**
έξι	εφτά	οκτώ
šesť	sedem	osem

9	**10**	**11**
εννιά	δέκα	έντεκα
deväť	desať	jedenásť

12
δώδεκα
dvanásť

13
δεκατρία
trinásť

14
δεκατέσσερα
štrnásť

15
δεκαπέντε
pätnásť

16
δεκαέξι
šestnásť

17
δεκαεφτά
sedemnásť

18
δεκαοκτώ
osemnásť

19
δεκαεννέα
devätnásť

20
είκοσι
dvadsať

100
εκατό
sto

1.000
χίλια
tisíc

1.000.000
εκατομμύριο
milión

Αγγλικά

angličtina

Αμερικάνικα Αγγλικά

americká angličtina

Μανδαρίνικα Κινέζικα

mandarínska čínština

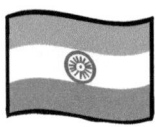

Χίντι

hindčina

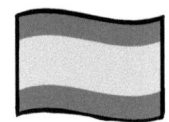

Ισπανικά

španielčina

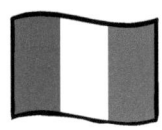

Γαλλικά

francúzština

Αραβικά

arabčina

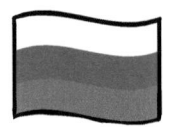

Ρώσικα

ruština

Πορτογαλικά

portugalčina

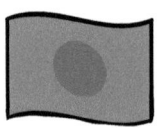

Μπενγκάλι

bengálčina

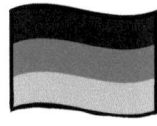

Γερμανικά

nemčina

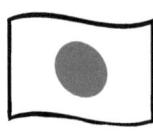

Ιαπωνικά

japončina

εγώ

ja

εσύ

ty

αυτός / αυτή / αυτό

on/ona/ono

εμείς

my

εσείς

vy

αυτοί / αυτές / αυτά

oni

ποιος / ποια / ποιο;

kto?

τι;

čo?

πώς;

ako?

πού;

kde?

πότε;

kedy?

όνομα

meno

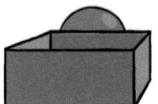

πίσω

za

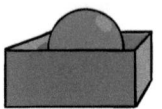

μέσα

v

μπροστά

pred

πάνω από

nad

πάνω

na

κάτω

pod

δίπλα

vedľa

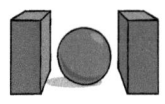

ανάμεσα

medzi

μέρος

miesto